Mulher sem Script

Natércia Tiba

Mulher sem Script

INTEGRARE
EDITORA

Copyright © 2012 Natércia Tiba
Copyright © 2012 Integrare Editora e Livraria Ltda.

Todos os direitos reservados, incluindo o de reprodução sob quaisquer meios, que não pode ser realizada sem autorização por escrito da editora, exceto em caso de trechos breves citados em resenhas literárias.

Publisher
Maurício Machado

Supervisora editorial
Luciana M. Tiba

Assistente editorial
Deborah Mattos

Edição de texto
Adir Lima

Revisão
Texto & Contexto

Projeto gráfico de capa e de miolo / Diagramação
Nobreart Comunicação

Ilustrações
André Ceolin

Dados Internacionais de Catalogação na Publicação (CIP)
(Câmara Brasileira do Livro, SP, Brasil)

Tiba, Natércia
    Mulher sem script / Natércia Tiba. – São Paulo : Integrare Editora, 2012.

    Bibliografia.
    ISBN 978-85-99362-75-4

    1. Atitude (Psicologia) 2. Feminilidade (Psicologia) 3. Mulheres - Comportamento 4. Mulheres - Condições sociais 5. Mulheres - Conduta de vida 6. Mulheres - História 7. Mulheres - Psicologia I. Título.

12-03216   CDD-305.4

Índices para catálogo sistemático:
1. Gênero feminino : Identidade : Sociologia 305.4
2. Mulheres : Função feminina : Sociologia 305.4

Todos os direitos reservados à
INTEGRARE EDITORA E LIVRARIA LTDA.
Rua Tabapuã, 1123, 7º andar, conj. 71-74
CEP 04533-014 – São Paulo – SP – Brasil
Tel. (55) (11) 3562-8590
Visite nosso site: www.integrareeditora.com.br

Agradecimentos

Sinto-me privilegiada, rodeada de pessoas queridas que participam ativamente da minha vida, torcem, vibram e apoiam minhas conquistas. Não é possível falar aqui de todas as pessoas a quem sou grata. Escolherei então alguns representantes do amor, da amizade e do carinho na minha vida.

Em primeiro lugar, agradeço imensamente ao meu marido, Maurício Machado, meu amor, meu companheiro, parceiro em tudo. Seu incentivo e apoio significam muito para mim. Juntos escrevemos a história das nossas vidas, a qual já nos deu os frutos mais lindos, nossos amados filhos Eduardo e Ricardo. Meninos amorosos que tanto me ensinam. Vocês fazem de mim uma pessoa melhor e enchem minha vida de amor e alegria. Quando estou com vocês, sinto-me plena.

Não poderia deixar de citar o Simba, meu "cãopanheiro", cuja companhia aquece meu coração nos momentos de inspiração e no dia a dia.

Agradeço meus pais por tudo e mais um pouco. Dedico o último texto do livro a eles, um misto de homenagem e agradecimento. Fica aqui também meu enorme amor e admiração por vocês, Içami Tiba e Maria Natércia. Vocês foram meu chão, meu mundo até que eu pudesse caminhar e lutar pelos meus próprios sonhos e objetivos. Te-los por perto é um conforto e um privilégio.

Um obrigado especial aos meus irmãos André Luiz e Luciana. Companheiros na construção de boa parte das histórias partilhadas neste livro. Cúmplices de alegrias, farras, dores e ansiedades.

Agradeço também a família que ganhei ao casar com Maurício: Rui, Marli, Márcia, Marcelo, Rafael, meu sobrinho Gustavo e afilhado Gabriel. Sinto um amor sincero, construído na convivência, respeito, cuidado e admiração.

Tenho uma gratidão gostosa e saudosa por meu Vô Chico, que, mesmo tendo partido em 2001, me acompanha todos os dias. Sinto-o perto sempre. É meu elo mais forte com as raízes portuguesas.

Enquanto escrevia o livro MULHER SEM SCRIPT, muitas foram as mulheres que me inspiraram, me ensinaram e me apoiaram. São mulheres com ou sem script, com quem divido sorrisos e lágrimas, amizade e cumplicidade, admiração e muito carinho. Agradeço o carinho e a deliciosa participação que têm em minha vida.

Gostaria de agradecer a uma mestra especial, que me ajudou a descobrir o *elã* em mim, ensinou-me postura, proporcionou-me autoconfiança e exigiu muito de mim também. Ensinou-me a dançar conforme a música, sem desistir jamais, minha eterna mestra e bailarina preferida Waldívia Rangel.

Minhas mestras e colegas do Instituto Sistemas Humanos, onde pude me olhar, me rever e me reinventar no decorrer da formação como psicoterapeuta de casal e família.

Pessoas sem as quais o livro não se concretizaria: Sandra Espilotro, que tanto ajudou e contribuiu com a revisão crítica dos textos; INTEGRARE EDITORA, com uma equipe atenciosa, compreensiva e competente (especialmente meu publisher Maurício Machado e a supervisora editorial, Luciana Martins Tiba); NOBREART, pelo desenvolvimento do projeto gráfico e miolo (especialmente Alexandre Nobre, amigo querido e profissional competente); Adir de Lima, com sua meticulosa preparação e revisão do texto; e André Ceolin, ilustrador sensível e talentoso, cujos traços encantam e cativam.

Agradeço carinhosamente àqueles que passaram e passam pelo meu consultório: crianças, adolescentes, adultos, casais e famílias, que me confiam suas dores e me permitem participar de uma importante reconstrução ao longo do processo de terapia. Pessoas incríveis que muito me ensinam com sua luta e busca de ser e estar melhor sempre.

Prefácio

TIÇA é nossa – Maria Natércia e Içami – filha, com certeza!

Nos idos de 1998, ao atender seu primeiro paciente, sua mãe deu-lhe uma dica: "Filha, o dinheiro da primeira consulta é muito especial, pense bem no que quer fazer com ele", e Tiça me presenteou com um jogo CARTIER de caneta e lapiseira que trago comigo até hoje.

Em fevereiro de 2012, Tiça me entregou os originais deste seu primeiro livro **MULHER SEM SCRIPT**, para que eu o encapasse com um prefácio. Em outras vezes, usei o *contact* nos seus livros escolares, tão carinhosamente lembrados no capítulo **Uma viagem para longe de tudo, mas para bem perto de mim**. Agora, um prefácio. É, os tempos mudaram! Que este livro seja o primeiro de muitos que com certeza virão! Assim que comecei a ler não consegui parar.

Tiça é filha da MULHER que fez a revolução da sua emancipação. Difícil é a reconstrução pós-revolução, pois cada um se reorganiza quando e como pode. Quais são as necessidades, as obrigações, os direitos, as responsabilidades, os desejos, os sonhos, enfim, o roteiro da MULHER-transição entre as boomers X e Y? É descobrir novos caminhos e reinventar-se para não repetir os erros do passado, tão recente... pois ela tem que atender às cobranças em todos os níveis que a sociedade faz. Nada mais adequado para o conteúdo deste livro do que o seu título **MULHER SEM SCRIPT**. Além de culta e curiosa, Tiça sempre teve o dom, a facilidade e o empenho para a escrita. E também para a fala. Os meios de comunicação (rádio, TV, Youtube, blogs, MSN) e as atividades (palestras, aulas, entrevistas ao vivo) confirmam. Por se tratar de minha filha, as expectativas sobre ela sempre foram grandes, e ela não tem frustrado ninguém pelo seu caminho.

Tiça se faz presente ao longo dos capítulos deste livro por meio dos seus múltiplos papéis: neta (**As heranças que trago comigo**), filha, irmã de irmã, irmã de irmão, esposa (**Pernilongo**), mãe de dois filhos (**Vivendo a vida por inteiro** e **Desabafo de mãe**), psicóloga, psicoterapeuta, amiga e cidadã (**Um encontro no espelho**). Com muita competência, dedicação, inteligência, eficácia e energia inexaurível de viver e aprender (**A dor que se transforma em amor**) com tudo (**Os presentes que a vida nos dá**), ela é da geração pós-moderna (**A importância do nada**), uma edição revista, atualizada, ampliada e "internetada" da sua mãe na idade dela.

Tenho a felicidade de conviver diariamente com uma excelente psicoterapeuta, cujos pacientes, de qualquer idade, evoluem a olhos vistos. Sou testemunha disso, pois Tiça ocupa uma sala independente em um serviço somente seu, mas contíguo ao meu. Podemos ter uma ideia sobre os seus atendimentos no capítulo **Miçangas**. Ela forma com seu paciente um vínculo, chamado "nós", responsável pelo tratamento. Na sua parte do "nós", ela usa tudo o que lhe é possível no que se refere a disposição, disponibilidade, conhecimento, experiência de vida e competência relacional para empregar na terapia ao seu paciente, até que ele possa andar sobre as próprias pernas.

Minha alegria é maior, pois a editora do livro é a minha caçula Luciana. Assisti a uma reunião entre as duas filhas sobre o livro e fiquei muito orgulhoso delas. Luciana, com sua total dedicação, seriedade, conhecimento, organização e competência, soube extrair o melhor da autora Natércia para dar corpo a este livro que, com certeza, irá agradar, deliciar e enriquecer ao público leitor (**Foi dada a largada**), seja ele de qualquer idade, profissão ou estado civil.

Içami Tiba

Sumário

PREFÁCIO   **9**

APRESENTAÇÃO   **15**

INTRODUÇÃO   **19**

Mulher sem script   **25**

Vivendo a vida por inteiro   **31**

Miçangas   **45**

A quem ofereço o melhor de mim   **57**

Organizando a bagunça   **67**

Os presentes que a vida nos dá   **77**

Autoconhecimento e autonomia, pela psicoterapia e por outras vias   **87**

Um encontro no espelho   **99**

Desabafo de mãe   **105**

A importância do nada   **111**

Uma viagem para longe de tudo, mas para bem perto de mim   **121**

A dor que se transforma em amor   **129**

Foi dada a largada   **139**

TPMR   **149**

Um olhar para apreciar a vida   **157**

O que eu sonhava ser ao crescer   **167**

Uma inspiração de Natal   **175**

As heranças que trago comigo   **189**

Apresentação

ste livro é um convite. Um convite para um passeio por pensamentos e sentimentos que surgiram de acontecimentos especiais e também corriqueiros.

Certamente temos histórias diferentes, mas tenho certeza que se cruzarão em alguns momentos. Quando se encontrarem, aproveite para relembrar, refletir e, quem sabe, olhar de novas perspectivas. Quando isso não acontecer, aceite como uma oportunidade para pensar na riqueza das diferenças de outras experiências e no quanto você pode refletir a partir delas.

Procure ler sem julgamentos ou preconceitos, baixe as defesas. Não há aqui verdades universais nem teorias. Ao ler este livro, abra sua bagagem, revire, vasculhe e, quem sabe, reorganize suas malas, valises e frasqueiras.

Este não é um livro de psicologia, educação, nem de histórias de amor. Mas cada linha está permeada pelo olhar da psicóloga, mãe, educadora e esposa. Os

textos espelham uma visão otimista, apaixonada, da vida, e, ao mesmo tempo, trazem angústias de quem quer dar conta de tudo mesmo sabendo que é uma tarefa impossível. Angústias que acabam se tornando molas propulsoras para reflexão e crescimento.

Meu desejo é aguçar o olhar para pequenos fatos, situações e relações que podem passar despercebidos. Despertar ou reacender nossa capacidade de percepção que vai além do que vemos no dia a dia. Compartilhar visões diferentes e valorizar a visão de cada um, que passa pelo filtro da história de vida e bagagem pessoal que carregamos.

Submergir em emoções e pensamentos, mas sempre com a possibilidade de emergir para respirar e assim não se envolver num turbilhão de emoções sem fim. Ao longo destas páginas, você encontrará lágrimas, sorrisos e também boas risadas. Um pouco de tudo, como a vida é e deve ser. Seja bem-vindo!

Espero que se envolva e desfrute da leitura assim como eu me envolvi e curti ao escrever. É muito bom saber que estaremos juntos ao longo das páginas que seguem. Como disse, este livro é um convite e gostaria que você o compartilhasse comigo.

> "...O livro só existe quando lido, e para que ele exista efetivamente como fenômeno autônomo e livre, como criatura, é necessário que se destaque do criador e siga sozinho o seu destino entre os homens."
>
> **Robert Escarpit**

ste livro foi escrito em doses homeopáticas, mas pode ser lido de uma única vez. Não é necessário ler na ordem em que está escrito. Leia de acordo com sua vontade, como lhe apetecer.

Longe de trazer verdades, apresento visões, reflexões e sentimentos. Sinto este livro como um recorte, um parênteses em que me senti à vontade para falar sobre crenças e valores, relacionamentos e comportamentos, e também sobre angústias que muitos de nós sentimos, mas não expressamos porque poderia soar *politicamente incorreto*, ou levar a más interpretações se estivessem fora de um contexto apropriado.

Para mim, escrever é uma das melhores formas de me entender. Ao escrever, organizo meus sentimentos, clareio meus pensamentos, ponho certa *ordem na casa*. Fui uma daquelas adolescentes, cujas agendas pareciam cadernos de filosofia, cheios de pensamentos, questionamentos, desabafos e, claro, anotações diárias. Nas fases mais caóticas e corridas da vida, as anotações passaram a ficar espalhadas em papéis e cadernos. Aos poucos, com filhos maiores e com as facilidades da tecnologia, as anotações e reflexões passaram a fazer parte de um blog.

Inicialmente, os acessos ao blog eram apenas de amigos e familiares, mas lentamente foram aumentando. Surgiram comentários de pessoas que eu não conhecia. Havia todo tipo de manifestação, muitas delas afetivas e com uma dose de gratidão pela oportunidade de lembrar, olhar e repensar situações e relações de suas vidas. Algumas pessoas se diziam aliviadas por verem descritos ali sentimentos intensos muitas vezes difíceis de verbalizar. Perceber que outras pessoas também se sentiam assim parecia trazer alívio e empatia.

E desse modo, o despretensioso blog se tornou porta-voz de muitas pessoas que passaram a visitá-lo frequentemente. Os textos haviam cativado leitores e conquistado um espaço especial. Foi como surgiu a ideia do livro. Alguns textos então foram retirados do blog e retrabalhados para a publicação, assim como novos textos foram produzidos.

A proposta de publicar um livro me encantou, mas, como na vida nem tudo são flores, logo de início me deparei com um desafio, aquelas formalidades que nós psicólogas não costumamos enfrentar: tema, público, linguagem, detalhes sem os quais o livro não se concretiza. Então, com a ajuda dos editores, fomos pacientemente refinando as ideias.

Natércia Tiba

– *Em que categoria se encaixa o livro?*

– *Categoria?! Boa pergunta... É um livro sobre a generosidade da vida, sobre as situações que nos permitem crescer e ser pessoas melhores a cada dia...*

Ouvi o bater impaciente das canetas na sala de reuniões da editora.

– *Qual é o público?*

– *O público? Todos nós, seres humanos.*

Canetas batendo na mesa novamente.

– *Poderíamos ser um pouco mais específicos? Está um tanto amplo.*

Concentrei-me, pensei, mas, mesmo assim, parecia impossível resumir, categorizar, especificar.

– *Ok, é um livro para todos, mas alguns temas tocam mais as mulheres.*

As batidas das caneta na mesa continuavam e dessa vez pareciam ecoar: 'Esse papo vai longe...'. Sem desistir de mim, os editores continuaram:

– *Qual a linha de raciocínio do livro? Qual a relação entre os temas dos textos? Qual a linguagem?*

Aquela situação foi me deixando inquieta. Eu me explicava:

– *Esse livro trata de emoções e elas não têm uma sequência lógica, fala de situações que vivi, mas que não estão em ordem cronológica... Os textos expressam justamente*

Mulher sem Script

isso, esse turbilhão, esse dar conta de tantas coisas juntos, exercer tantos papéis na vida, resolver tudo ao mesmo tempo ainda que tenhamos que fazer um contorcionismo digno do Cirque du Soleil. O que vem primeiro? A mulher moderna? A mãe? A profissional? A enlouquecida? Não sei... O fato é que acredito no livro, acredito que possa gerar reflexão e que as pessoas possam se beneficiar com a leitura.

De alguma forma, minha mensagem foi aceita e aqui está a obra. Portanto, este livro é também um convite ao caos, ou à possibilidade de convivermos com ele, organizá-lo dentro do possível, nos encantar e, por que não, rir dele um pouco. Se você está lendo esta introdução, é porque, de certa forma, já acreditou. E se, ao final da leitura, você achar que acrescentou algo, que valeu a pena, continue esse exercício interessante de olhar a vida de diferentes ângulos.

Mulher sem script

Não quero pedir permissão para viver,
para amar, para sonhar.
Não quero ser a dona da razão,
muito menos a dona da verdade.
Sou dona da minha verdade, do meu mundo,
do meu universo.
Gosto de convidar as pessoas ao meu redor
para passearem no meu mundo.
Quem quiser, será bem-vindo,
mas que venha sem julgamentos e preconceitos.

Sou mulher e carrego o mundo nas costas
por natureza.
Quero ser uma mulher sem culpa.
Ser uma boa esposa, mas ser amante sempre.
Ser uma boa mãe, mas poder enlouquecer
de vez em quando.
Quero cuidar da casa, mas fugir dela
quando precisar.
E voltar cantarolando, recarregada e vívida.

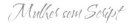

Quero ter uma vida própria, um trabalho,
algo que me realize,
mas não quero ter que provar pra ninguém
do que sou capaz.
Eu sei do que sou capaz, e é isso que importa!

Sou capaz de amar incondicionalmente,
viver intensamente.
Sou capaz de ser elegante e
seguir regras de etiqueta.
Mas sou também capaz de quebrar as regras
sem ferir ninguém.
Sou capaz de sentir o mundo pulsando
em minhas veias,
sentir e chorar as dores do mundo.
As minhas próprias dores?
Sou capaz de chorar compulsivamente!
Minhas alegrias?
Posso gargalhar alucinadamente!
Sou capaz de me adaptar
às novas regras ortográficas,
mas quando estou emocionada
quebro todas elas sem culpa!

Quero sair de Havaianas quando meus pés
estiverem cansados dos saltos.
Parar de contar calorias, devorar um chocolate
e ser feliz mesmo assim.
Quero sair com cabelos ao vento,
deixar o rímel borrado ao chorar.
Maquilar-me lindamente ou
sair de bobes se precisar.

Marcia Tiba

Orgulhar-me dos fios brancos que surgem a cada dia.
Quero me olhar no espelho e reconhecer minhas
marcas de expressão,
elas são o registro de uma vida cheia de emoção.
Sofrimentos?
Sim, muitos.
Prazeres?
Sim, tantos...
Felicidades?
Muitas, que me inundam e me fazem sorrir.

Quero amar todo tipo de amor,
Amor de filha, de mãe, de amiga, de desejo.
Amor sexual e o amor mais puro,
Amor platônico e o amor cotidiano.
Lamber a cria e beijar aquele que escolhi
pra dividir a vida,
seja ele homem, mulher, mais novo ou mais velho.

Quero viver a intensidade dos meus hormônios,
mesmo que eles me deixem louca.
Quero meditar e ter paz interior.
Poder ser controversa, contraditória, paradoxal.
Polêmica?
Talvez.
Compartilho minhas histórias e me surpreendo
ao ver que não são únicas.
Não estou sozinha nessa condição bela e angustiante.
Tenho responsabilidades, forças e fraquezas.
Sou uma sonhadora, vivo nas nuvens.
Sou um *alien* às vezes, um ser de outro planeta.
Voo muito longe, adoro a sensação de liberdade,

Mulher sem Script

mas nem sempre faço uma bela aterrissagem.
Pulo de paraquedas e me enrosco inteira na chegada.

Sou assim, esse misto de tudo e de nada.
Do mais cheio que me estufa,
ao mais vazio que me perturba.
Sou mulher acima de tudo e não quero um *script*,
quero ser dona da minha própria história,
livrar-me das amarras,
dançar e cantar, sapatear e gritar.
Quero me respeitar!
E nunca, mas nunca deixar de me amar.

Vivendo a vida
por inteiro

*T*alvez possa soar cruel o que tenho a dizer ou desabafar. Por alguma razão sinto que não pode ser dito, que é "politicamente incorreto" e socialmente "pega mal", todavia direi mesmo assim: *ser mãe é muito sofrido.*

Temos momentos de satisfação, de amor e muita alegria, mas são fugazes. A grande verdade é que seguir uma rotina, educar, cuidar e organizar a vida familiar são coisas complexas e que consomem mais energia do que uma só mulher é capaz de ter.

Falamos muito em birra, em ensinar os filhos a lidarem com as frustrações, porém, e as frustrações dos pais como ficam? Não podemos simplesmente bater o pé e nos negar a fazer as tarefas ou desempenhar nossos papéis e cumprir com nossas responsabilidades.

Não raro vemos manifestações do tipo: "*Malditas mulheres que queimaram os sutiãs! Elas tornaram nossa vida muito mais complicada!*". Concordo com elas em alguns momentos.

Mulher sem Script

Ao mesmo tempo ouvimos mulheres dizendo: "*Temos que agradecer às mulheres que queimaram os sutiãs e lutar pelos nossos direitos!*". Concordo com elas também, em alguns momentos.

Estar de acordo com os dois lados é possível, não contraditório. Certamente, a maior parte das mulheres oscila entre esses dois pensamentos e sentimentos.

Na verdade, acredito que o maior peso seja a *possibilidade de decisão e escolha* que nos foi dada. Mas por que essa possibilidade acaba virando um peso?

A maioria das mulheres que hoje são mães tiveram mães donas de casa ou pioneiras no mercado de trabalho e quiseram provar à sociedade e a si mesmas do que eram capazes. Imersas e encantadas com esse novo papel, muitas passaram do ponto e, mesmo que tenham descoberto uma nova fonte de satisfação, a carreira, não abriram mão dos papéis que por tanto tempo foram os principais: mãe e dona de casa. Muitas das que não trabalharam acabaram se sentindo culpadas e tiveram

sua autoestima abalada por não ter uma carreira e independência financeira.

    Durante muito tempo, a identidade da mulher estava ligada a ser mãe, esposa e dona de casa, assim como o homem tinha sua identidade apoiada na vida profissional, já que seu papel principal dentro da família era o de provedor. Essa configuração familiar vem sofrendo transformações, embora não esteja totalmente mudada, e não creio que um dia estará transformada por completo. Não é à toa que as mulheres dizem que, ao entrar no mercado de trabalho, assumiram mais um turno.

De um modo semelhante, os homens que hoje se empenham em desenvolver novos papéis ou que querem assumir com mais dedicação a paternidade e os afazeres domésticos, começam a viver um drama semelhante: como conciliar a carreira com reuniões de escola dos filhos, supermercado e outras tantas atividades. O homem pós-moderno vem então assumindo também mais um turno. Do meu ponto de vista, isso é muito bom, mas há um longo período de adaptação.

Diante da possibilidade de trabalhar, penso que as mulheres vivem uma situação praticamente sem saída: o envolvimento na carreira gera culpa, pois se sentem ausentes na família. As que não têm uma vida profissional, sentem-se frustradas, entregues a uma vida que as consome e que não as realiza por completo.

A culpa, aquela antiga conhecida de todas nós mulheres, que parece nascer junto com o primeiro filho, virou uma grande armadilha.

A mulher que entrou no mercado de trabalho assumiu a carreira como direito e dever, sem transformá-lo numa fonte de prazer e realização, afinal a verdadeira realização da mulher deveria vir da maternidade e não do desempenho profissional. Aquelas que trabalham demais justificam: "*Trabalho tanto assim por vocês, meus filhos. Tudo que faço, todo o meu esforço é por vocês!*".

Sou mulher, mãe e trabalho. Sei que muito do que fazemos é mesmo pela nossa família, especialmente nossos filhos, mas será que podemos nos sentir livres para nos ausentar um pouco da família e sentir prazer e satisfação no trabalho? Será que ficamos livres de julgamentos se dissermos: "*Trabalho tanto assim porque GOSTO, porque sinto um imenso PRAZER no que faço. Gosto de ter uma vida própria, mesmo que acabe me ausentando um pouco da família*". Sem assumir o trabalho prazerosamente, muitas mulheres não ingressam em carreiras, entram em verdadeiras batalhas.

Nós, que hoje somos mães, carregamos modelos de "mãezonas", cuidadoras e dedicadas, mas, da mesma forma, modelos de "mulheres batalhadoras", que passaram a ser também provedoras para a família. A qual desses modelos somos leais? Acredito que aos dois. Nosso grande desafio é conciliar todos os papéis: esposa (namorada, noiva), mulher, filha, irmã, mãe... não é nada fácil.

Não raro me sinto sufocada, afundando em meio a "*to do lists*" que ficam na minha agenda e no meu cérebro. Debato-me em meio a "*post-its*" colados por toda parte dentro de mim. Em alguns momentos, sinto que preciso parar e relaxar senão certamente enlouquecerei.

Muitas vezes, entretanto, só percebemos que é hora de parar quando nosso corpo pede socorro. Mas conseguimos parar? Certamente não e me pergunto por quê? Não consigo parar porque a minha forma de lidar com a ansiedade é virar uma Amélia mais que eficiente. Limpar e arrumar obsessivamente o que está ao meu redor me dá uma sensação temporária de limpeza e arrumação internas.

Muitas podem ser as razões que não nos permitiriam sossegar e fazer as coisas com mais calma e satisfação. Se pensarmos nessas razões, logo perceberemos que a maioria de nós não conseguiu abrir mão do papel que nos definiu por tanto tempo. Carregamos ainda expectativas das nossas mães para que consigamos nos realizar profissionalmente, contudo, durante a nossa infância, quantas vezes nos vimos em meio à educação às antigas, na qual nós, filhas mulheres, ajudávamos a tirar a mesa e acompanhávamos a mãe ao supermercado.

Longe de mim pregar feminismo. Acho que há mesmo alguns comportamentos mais próprios das mulheres e outros dos homens. Em relação aos filhos, por exemplo, somos nós que carregamos o bebê por nove meses e somos nós que o amamentamos. Temos ganhos muito grandes com isso, mas perdas também, e acho importante que tenhamos consciência disso.

Essa bagagem nos pesa porque damos poder a ela. São nossas atitudes que determinarão a nossa vida.

O quanto estamos prontas para não ser uma superdona de casa? O quanto estamos prontas para nos ausentarmos de uma reunião da escola por causa de um compromisso de trabalho? E, principalmente, o quanto estamos prontas pra dividir nosso lugar na família com o nosso companheiro?

Ainda há um leve e discreto sorriso nos nossos lábios quando um filho não quer que o pai dê banho e diz: *"Quero a mamãe!"*. Quantas vezes ouvimos alguém comentar que fulano é tão bom e presente com os filhos que é uma "verdadeira mãe", ou "pãe"?

Não acho que tenhamos que ser más donas de casa, ou faltar em reuniões escolares, não me entendam mal. O que digo é que ficaremos sobrecarregadas enquanto assumirmos os diversos papéis com essa obsessão.

É ótimo que uma mulher adore cozinhar, mas podemos assumidamente dizer: *"Não sei cozinhar e não tenho o menor interesse?"*. Aparentemente sim, todavia em palestras, quando comento que já recorri à internet para saber quanto tempo demora para um ovo cozinhar na água, risadas ecoam pela plateia. Da mesma forma, ouço riso quando conto que uma das minhas formas de relaxar em casa é lavar e passar roupa. É estranho não saber cozinhar um ovo, mas também é estranho lavar e passar como *hobby*. Como ficamos então? É enlouquecedor.

Por amar muito o meu trabalho e me dedicar muito a ele, há tempos desisti de ser uma dona de casa perfeita. Ser uma dona de casa *light* não é muito confortável, ao contrário do que poderia parecer, porque o preço é não ter a casa ordenada e organizada como eu gostaria ou como aprendi que deveria ser.

Num papo de amigas, diverti-me bastante quando alguém disse que, ao entrevistar uma senhora para trabalhar na sua casa, estavam discutindo

salário, e a senhora disse: "*Olha, o salário depende. Se a senhora quiser com 'penso' é mais caro. Se for sem 'penso' é mais barato*" e então explicou: "*Com 'penso' é se a senhora quiser que eu 'penso' o que tem que comprar, eu 'penso' o que fazer de comida... agora, se a senhora mesmo pensar, aí eu nem 'penso'*".

Como ainda nos preocupamos em manter a casa impecável, como a maioria dos maridos ainda espera encontrar uma refeição sempre saborosa e variada, como não temos tempo de ir ao supermercado dia sim dia não, estamos todas atrás de funcionárias com "penso", assim elas cobrem aquilo que não damos conta. Se precisamos de alguém para assumir esse lugar, é porque ele ainda necessita ser ocupado, porque não estamos prontas para fazer diferente. Diria até que não estamos ainda "libertadas", porém não "libertadas" só das expectativas e sociedade, mas principalmente de nós mesmas.

Nesse turbilhão que se torna nossa vida, o acúmulo de tarefas, as cobranças externas e internas, a TPM, os "*post-its*" e o "*to do lists*" vão nos levando a um nível de tolerância zero que de repente nos faz ter um chilique com uma meia suja deixada pelo marido no pufe em vez de colocar na cesto de roupa suja, ou querer virar a mesa porque o filho se nega a comer brócolis.

Quando enlouquecemos assim?

O ideal seria não chegar a esse ponto, mas, se chegarmos, precisamos de um tempo exclusivo para

Natércia Tiba

nós, seja sozinhas, com o companheiro ou com amigas, precisamos nos olhar e nos cuidar, rir e nos divertir (e podemos fazer isso sem os filhos e continuar sendo boas mães!). Fugir um pouquinho sem culpa, recarregar as energias.

Essas paradas são importantes porque nosso estresse prejudica a saúde e contamina as relações, piorando significativamente nossa qualidade de vida. Também é fundamental que o façamos com certa frequência, porque, infelizmente, as energias não ficam recarregadas por muito tempo.

Este é outro ponto complexo da maternidade: por mais que possamos sair e desligar, recarregar as baterias quebrando um pouco a rotina, descansando o corpo e a alma, assim que voltamos, tudo que acumulamos de energia se esvai nos primeiros momentos de estresse familiar.

Por que não ficamos com crédito de descanso? Seria mais justo uma promoção de Deus do tipo: *"Descanse um final de semana sem filhos e tenha crédito pra lidar com sua família por um mês!"*. Que mulher não iria aderir a essa promoção? Eu iria, com certeza.

Ter filhos é uma experiência maravilhosa, contudo também dolorosa. Nos doemos de amor, preocupação, cansaço, frustração, medo... Ter filhos é também um projeto em longo prazo, quando crescem e temos um pouco mais de tranquilidade, eles vão para a vida. É assim mesmo que deve ser, mas não podemos negar que há uma sensação de esvaziamento, por que, como pais, realmente damos muito mais do que recebemos.

Mulher sem Script

Digam-me quem de vocês tem filhos e já não exclamou: "*Faço tudo por você e você só reclama, nunca está bom!*". A maternidade é complexa demais, pode até mesmo parecer ingrata.

Filhos nos amam? Sim. Filhos nos enchem de orgulho? Sim. Entretanto, o que predomina é a convivência diária e desgastante, é o desafio da educação, de ensinar os valores e as habilidades necessárias para conviver em sociedade e se transformarem em bons cidadãos, olhando para o outro com solidariedade e compaixão.

E essa nossa missão não tem a duração de um período comercial, mas persiste 24 horas por dia (porque, se um filho levanta durante a noite para vir para nossa cama, mesmo com meio neurônio funcionando, devemos parar para pensar o que é melhor não só para nós, mas para a educação e bem-estar dele).

Chegamos a um nível de estresse em que, em alguns momentos, dá vontade de não sair da cama, não por medo de encarar o trabalho, mas por começar o dia com tanto a pensar e fazer. Nos dias em que começo atender muito cedo no consultório, é frequente que, ao final da jornada, eu me refira àquela manhã como "ontem". A verdade é que fazemos muito mais coisas do que é possível em um só dia.

Ao mesmo tempo em que tudo isso nos cansa e nos exaure, essa é a nossa vida e muitas vezes não fazemos diferente porque realmente não conseguimos. Acho ainda que, em vez de ficarmos entregues a ela, nos beneficiamos se a agarrarmos com todas as nossas forças e nos empenharmos para cuidar bem dela. Mesmo que me queixe, não saberia viver sem intensidade e paixão, porém, muitas vezes, na mesma medida, vêm as quedas e os cansaços.

A postura que assumo diante da vida se assemelha muito à relação que tenho com a dança (*hobby* que me acompanha desde os quatro anos de idade). Durante uma coreografia, não raro me sinto sem ar, o corpo dói e então penso: "*Dessa vez vou apenas marcar*

a coreografia, não vou dançar intensamente, porque aproveito pra recuperar o fôlego". E quem disse que consigo? Ao ouvir a música, lá estou eu dançando, pulando e saltando com todas as minhas forças.

Essa sou eu na dança e na vida. Não sei apenas esboçar, apenas marcar os movimentos, gosto de vivê-los com intensidade, mesmo que fique sem fôlego às vezes ou que sinta meu corpo doer. Para aguentar viver assim, exercito um pensamento que já virou quase um mantra: "sou a mãe que sei ser, imperfeita mas da forma que consigo ser. Sou uma profissional por inteiro, porque não conseguiria ser psicóloga pela metade, sou psicoterapeuta de corpo e alma. Não culpo minha mãe, o marido, os filhos, a sociedade, os sutiãs queimados ou os amigos. Se preciso mudar algo para me sentir melhor ou para aliviar a minha vida, esse é um trato que devo fazer comigo mesma e pronto". E, assim, vivo a vida por inteiro, mesmo que canse.

Sinto-me privilegiada no trabalho que exerço. Frequentemente me perguntam como "consigo" passar o dia vendo e ouvindo sofrimentos, dores, problemas, choros e até mesmo desespero. Há sim um pouco de tudo isso, ou muito, contudo o que me mantém firme é ver as pessoas mobilizadas para achar uma saída de um sofrimento que passou do suportável.

Não raro me deparo com pessoas descrentes, que se consideram "caso perdido" e que estão ali a pedido de alguém ou até mesmo levadas pela mão até a minha sala. Seja como for, estão ali e para mim essa já é uma razão para admirá-las.

Mas por onde começar quando a pessoa já deu sua luta por encerrada? Começo pelo "nós". Quando há um encontro entre duas pessoas, existe o "eu", o "tu" e o "nós".

As relações mais saudáveis são aquelas que despertam o melhor que há no "eu" e no "tu", formando um "nós" respeitoso e harmonioso.

Quando o "tu" está enfraquecido, fragilizado, em grande sofrimento, e o "eu" está forte, este pode emprestar suas forças por um período e assim, mesmo que servindo de suporte ou colo, há o início de uma caminhada.

Em geral, as caminhadas são árduas, exigem reencontros dolorosos da pessoa com ela mesma e com aqueles que são significativos em sua vida, mas o fato de existir um "nós" torna as coisas mais leves. No encontro há troca de olhares e acolhimento, sorrisos e algumas vezes boas gargalhadas. O caminho é único com cada paciente. A cada 50 minutos (tempo de uma sessão), entro numa nova jornada. Sou mesmo muito privilegiada.

Acredito que até os pacientes mais sofridos, ou aqueles levados ao consultório por "tus" preocupados e mais fortalecidos, ainda que prostrados, estão dando o melhor que podem, quer seja apenas um olhar, lágrimas ou um profundo silêncio.

Esse é o momento que irá determinar se estaremos juntos ou não nesse caminhar. Minha primeira preocupação não é a queixa principal, mas sim formar o "nós", criar um vínculo que irá num crescente rumo à entrega, cumplicidade, confiança e esperança.

Para cada um o encontro ocorre de uma forma. Não existe um "nós" igual ao outro.

Eu poderia ficar páginas e páginas contando lindas situações do nascimento dos "nós", cada

Natércia Tiba

qual com suas peculiaridades e encantamentos. Uns fluem com mais facilidade, outros vão aos "trancos e barrancos", precisam de empurrõezinhos ou um aquecimento "emocional". Outros parecem que nunca acontecerão e, de repente, como que por encanto, surge uma entrega e brota o "nós". Tal como um bebê ao nascer, há partos naturais simples, uns mais complicados, cesáreas e até mesmo uso do fórceps, quando necessário.

Gostaria de compartilhar o nascimento de um "nós" que me emocionou muito. Um encontro entre um "eu", psicoterapeuta de 36 anos, e um "tu" miudinho de 3 anos de idade, uma linda menina de pele de porcelana e cachinhos castanhos.

Seria sua primeira sessão comigo. Não costumo atender crianças tão pequenas. Em geral, quando as crianças são menores de 4 anos, prefiro atendimentos familiares ou orientação para os pais. Mas, nesse caso, após uma sessão com a mãe, achei que seria importante atender a criança sozinha.

Quando cheguei à sala de espera, ela estava sentada entre a mãe e uma enorme caixa de miçangas coloridas. Nas suas pequeninas mãos, segurava um colar metade feito, metade por fazer. Com uma destreza impressionante, ainda mais pela pouca idade, Marina, como a chamarei aqui, levantava o fio e o colocava certeiro dentro do furo da miçanga, tão pequena que chegava a sumir em meio aos seus dedinhos.

Fui cumprimentando a mãe, que já conhecia, e Marina soltou um "oi" quase que sussurrado, sem parar

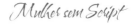

o que fazia. Só estávamos nós três na sala de espera. Aquela situação da Marina fazendo o colar foi muito convidativa para mim. Adoro trabalhos manuais, e o colorido daquela caixa me deixou hipnotizada.

Sentei perto dela, ao lado da caixa de miçangas, e perguntei o que fazia. Ela disse que estava fazendo um colar e que ainda faltava muito para acabar, como quem diz: "*Agora não vou a lugar nenhum*". Perguntei se podia mexer na caixa e ela concordou com a cabeça. Eu estava realmente fascinada com todas aquelas cores e brilhos e talvez, por ter apenas filhos meninos, fiquei muito atraída por tantos tons de rosa, que não fazem parte do meu universo.

Por enquanto, o que Marina me oferecia era a possibilidade de mexer na sua caixa, o que era bastante, já que eu era uma desconhecida. Fui explorando com cuidado, perguntando quem havia feito as pulseiras e os colares que estavam prontos, e, assim, aos poucos, fui conhecendo várias pessoas que eram importantes para ela: a tia, a madrinha, a avó estavam todas ali, representadas por lindos e coloridos colares e pulseiras.

Peguei nas mãos cada colar, cada pulseira, mas não coloquei em mim. Não tinha ainda essa intimidade. Marina, com seus apenas três anos, comentou: "*Eles são de fio de silicone e não de fio de nylon. O fio de nylon arrebenta quando abre muito, mas esse não, esse abre bastante*".

Lembrando-me do relato da mãe, da situação complicada que Marina vivia, na hora pensei

Natércia Tiba

na metáfora do fio. Sem dúvida Marina era um fio de silicone, e estava esticado em seu limite. Se fosse de nylon, certamente já teria se rompido (o que emocionalmente equivaleria a se desestruturar).

Ficamos uns 10 minutos nos conhecendo pela caixa. Aos poucos ela foi me perguntando se eu sabia fazer colares, de que cores eu mais gostava e assim ela foi percebendo o "tu" que estava diante dela e que estava muito interessado em seu universo.

Convidei-a então para que continuássemos nosso papo na minha sala, e ela disse: "*Tá bom, eu vou, mas a gente pode levar a caixa?*" Concordei na hora: "*Claro! Nem pensei em deixar essa caixa maravilhosa aqui. Vamos levá-la conosco!*". Ela então falou: "*Então eu levo o colar assim, pra não cair tudo, e você leva a caixa. Mas será que você consegue? É muito pesada!*". E lá fomos as duas em parceria percorrendo o corredor que leva à minha sala.

Que linda metáfora encontramos desde o início. Eu já sabia um pouco da história dela, sabia que ela tem um mundo interno riquíssimo, que é muito desenvolvida para a pouca idade que tem, mas que o olhar direto poderia ser invasivo e, sendo assim, a caixa de miçangas foi um verdadeiro tesouro para a nossa aproximação. Ao entrarmos na minha sala, ela foi direto para o sofá, e eu a acompanhei, apoiando a caixa com todo cuidado.

Meu mundo interno também é muito rico e fiquei pensando na simbologia de tudo aquilo, no significado das miçangas, nos brilhos e nas cores tão

Mulher sem Script

intensos e vivos, porém que Marina mostrava apenas quando queria e para quem queria.

Acho que todos nós somos assim não somos? Temos nossas miçangas coloridas e lindas, contudo nem sempre nos permitimos mostrar, com receio de que isso demonstre um descompromisso com a vida, uma irresponsabilidade. Afinal, dizem por aí que o mundo adulto não "deve" ser tão colorido e, conforme crescemos, muitas vezes as cores vão se tornando cada vez mais pálidas e, ao nos darmos conta, já estamos imersos num mundo em preto e branco.

Dentro da caixa, além das miçangas, havia potinhos para guardá-las. Potinhos pequenos, cilíndricos, transparentes. Marina me propôs empolgada: "Vamos guardar as miçangas nos potinhos?". Cuidadosa e organizadamente, fomos colocando-as nos potinhos. Quando ficaram cheios e tampados, pedi a ela se podia colocá-los sobre a mesa lateral do sofá, onde havia um raio de sol. Ela adorou a ideia e lá fomos nós. Colocamos os potinhos sob o raio de sol e as miçangas brilharam ainda mais.

Naquele momento, aquela caixa representava seu mundo interior e achei que para ela seria importante ver que naquele lugar poderíamos iluminar e ver toda a beleza daquele mundo que ela trazia.

Ficamos um tempo observando em silêncio, até que ela disse: "Agora vamos colocar miçangas de outras cores!", e de repente algo inesperado aconteceu. Marina abriu um dos potes, o que continha as menores miçangas, bolinhas minúsculas brilhantes, e "acidentalmente" derrubou tudo no chão. As miçangas pularam pela sala, e o chão ficou todo iluminado por aquelas bolinhas coloridas.

A princípio, achei lindo, mas olhei pra ela e vi que ficara desapontada, falando baixinho: "*Eu não vou conseguir pegar. Elas são muito pequenininhas*". Foi então que tive uma oportunidade especial de mostrar a ela o quanto eu estava disposta e era capaz de recolher o que ela esparramasse em minha sala. Eu estava ali disposta a acolher o que ela tivesse para espalhar e derramar, fossem dores, lágrimas, medos, incompreensões ou mesmo miçangas.

Pedi a ela que sentasse num cantinho e, com carinho e minha paciência oriental, fui recolhendo cada uma delas e colocando dentro do potinho,

como um ritual. Eram tão pequenas, que eu não conseguia pegá-las com os dedos. Passei a pressionar os dedos sobre elas, que grudavam em minha pele, permitindo que fossem recolocadas no potinho que Marina segurava.

Marina não escondia o espanto ao me ver recolhendo as pequenas miçangas. Passou, então, a me orientar: "*Tem uma ali olha! Agora embaixo do sofá Ih, tem uma que você não vai alcançar. Alcançou!*"... Até que não havia sobrado mais nenhuma no chão. Quando terminamos, ganhei um delicioso abraço. Um abraço que parecia dizer: "*Puxa, posso mesmo confiar em você. Você é capaz de dar conta de mim*".

Eu disse a ela que aquela caixa continha muitas preciosidades, e que cuidaríamos muito bem dela. Guardamos tudo e fechamos. Estávamos prontas para começar uma jornada. Havia um "nós" formado numa mútua entrega. Um momento único e especial!

Tudo isso pode parecer uma viagem, algo puramente interpretativo, mas o resultado, a forma como nos ligamos depois desse momento, é o que me confirma que aquela situação foi o caminho para que o meu "eu" encontrasse o "tu" de Marina. Tudo estava dito ali: a riqueza de seu mundo interno, meu interesse e minha curiosidade por ela, meu encantamento, minha capacidade de respeitá-la e acolhê--la, a possibilidade de espalhar-se e derramar-se e poder sair inteira.

Essa é a linguagem da criança, esse é o universo infantil, lindo, puro e encantador. É uma pena que deixamos com que ele vá se apagando e se tornando tão complexo e confuso.

Esse foi um relato de um encontro terapêutico, com certas peculiaridades, porém acredito que possamos expandir nossa reflexão e nos questionar:

– Será que no dia a dia, nas nossas relações familiares e de amizade, paramos para olhar e nos encantar com as situações que vivemos, com as miçangas que os outros nos mostram e as nossas próprias?

– Ajudamos o outro a recolher os pedaços que ficam espalhados por dores devastadoras?

– Confiamos nos outros para que nos ajudem a recolher pedaços nossos que se espalham deixando buracos que geram medos e angústias?

O encontro. Sempre ele, precioso, delicado, fonte de vida e de amor. O "nós", que nos torna humanos, solidários e cúmplices dessa condição delicada e angustiante de estar no mundo, sozinhos na unicidade, mas juntos, sempre.

"Acho que todos nós somos assim não somos? Temos nossas miçangas coloridas e lindas, contudo nem sempre nos permitimos mostrar, com receio de que isso demonstre um descompromisso com a vida, uma irresponsabilidade. Afinal, dizem por aí que o mundo adulto não "deve" ser tão colorido e, conforme crescemos, muitas vezes as cores vão se tornando cada vez mais pálidas e, ao nos darmos conta, já estamos imersos num mundo em preto e branco."

A quem ofereço
o melhor de mim

Diga-me se já viveu um momento como este:

Seu filho vai passar a tarde na casa de um amigo e, ao buscá-lo, a dona da casa se desmancha em elogios: "*Mas que amor que é seu filho, tão educado, calmo, obediente...*".

Você olha pra trás pra ver se é com você que ela está falando. É com você mesmo, não tem mais nenhuma mãe por ali e então você pensa: "*Acho que estamos falando de crianças diferentes!*". Olha pra ver se é

Mulher sem Script

seu filho de fato que está ali, a criança tão obediente e querida que ela descreve, mas que você desconhece. Vem então aquele diálogo interno incontrolável:

"É pessoal, eu sabia. É só comigo que ele apronta! Bom, pelo menos ele sabe se comportar quando quer e é bonzinho fora de casa".

Nós, pais, somos ótimos em encontrar consolo, todavia o fato é que no fundo nos questionamos e, muitas vezes, nos chateamos ao perceber que, dentro de casa, nosso filho é de um jeito e, fora, é de outro (ou sabe ser quando quer ou lhe convém).

Do mesmo modo, a filha está em casa, de cara feia, mal-humorada, respondona e, quando liga uma amiga... plim! Torna-se uma doce criatura, muda o tom de voz, ri, brinca ou fica cheia de "Hahaha!" no BBM (*Blackberry Messages*) ou MSN. Quando se dirige aos pais, "Grrrrrr!", é como se estivesse rosnando.

Muitos pais descrevem fatos como esses com naturalidade, outros contam com mágoa, outros ainda com raiva e incompreensão. Pode ser que os primeiros já tenham se acostumado ou mesmo que funcionem dessa forma também (vale a pena uma reflexão), mas, como psicoterapeuta e mãe, não consigo ouvir um relato como esse sem questionar ou ao menos pontuar.

Conforme conversamos sobre isso, em geral chegamos à conclusão de que os filhos, por saberem que são amados incondicionalmente, acham que podem agir com os pais mostrando as garras e dentes afiados; afinal de contas, os pais continuarão sendo pais, mesmo que haja brigas e discussões. Os amigos, esses não, não estão garantidos, podem ser perdidos se magoados e, por essa razão, devem ser bem tratados. Em outras palavras, o amor incondicional dos pais deixa de ser um aliado na relação com os filhos e passa a ser uma armadilha.

Não precisamos pensar apenas no amor incondicional para falar sobre relações em que saem faíscas. Muitas relações entre marido e mulher, primos e amigos íntimos acabam chegando a um ponto de intimidade que surge o risco da falta de respeito. É fácil perceber isso. Vamos observar um casal hipotético que está numa locadora escolhendo um DVD para assistir. Resumidamente, descrevo três posturas distintas:

1. Casal de namorados

Ele: *Escolhe um filme meu amor?*

Ela: *Não, escolhe você.*

Ele: *Da última vez eu escolhi um de ação, se você quiser um romance, uma comédia...*

Ela: *Não, sei que você acha chato, pode escolher.*

2. Casal de Noivos

Ele: *Eu queria muito ver esse de ação, mas se você quiser outro, tudo bem.*

Ela: *Você escolheu da última vez, lembra? Eu preferia algo mais leve, mas tudo bem, se você quiser muito, pode ser esse.*

3. Casados

Ele: *Vou levar esse filme.*

Ela: *Esse? Ação de novo? Eu não vou assistir.*

Ele: *Tudo bem, você só vê novela mesmo.*

Claro que essa é uma paródia, porém não deixa de ter um fundo de verdade. Apesar de não ocorrer com todos os casais, é mais comum do que se pode pensar.

Diante dessa situação, a pergunta que me faço é:

Por que à medida que a intimidade vai sendo construída, em muitos casos, o respeito e o cuidado vão sendo destruídos?

Será que nos damos conta de quando isso começa a acontecer nas relações ou só percebemos quando os limites de respeito já estão em muito ultrapassados? Não sou defensora da ideia de que devemos ter cerimônia nas relações mais próximas. Ao contrário, acho a intimidade algo muito gostoso, mas, para que seja saudável e construtiva, deve incluir "cuidado".

A sinceridade também faz parte da intimidade, entretanto, é diferente do "sincericídio"[1], quando a

---

[1] A palavra "sincericídio" não existe de fato, uso para ilustrar um tipo de atitude em que a sinceridade se torna destrutiva. Homicídio, aqui, não se refere ao ato concreto de causar a morte alheia, mas de "matar" a relação entre pessoas.

pessoa chega quase a cometer homicídios de tão "sincera" que é. Muitas vezes, no consultório, as famílias ficam em silêncio quando pergunto:

> **Por que tratamos mal as pessoas que são as mais importantes da nossa vida? Por que não oferecemos a elas o melhor de nós? Será que não são as pessoas que mais convivemos e com quem mais nos relacionamos que merecem ser tratadas com muito amor, carinho e cuidado?**

O significado da palavra **intimidade** está relacionado à familiaridade, qualidade do que proporciona **bem-estar** e privacidade. Será que realmente procuramos o bem-estar nas nossas relações mais íntimas?

Relações precisam de cuidado, necessitam ser regadas, tratadas e adubadas. Se não houver investimento de ambas as partes, ela se desgasta e vai se tornando insustentável. Se apenas um cuida, vai ficando muito pesada para ele e dificilmente ambas as partes estarão bem.

Quando cuidamos, a relação vai se fortalecendo e, quando acontece de uma das partes passar por um momento muito difícil, em que não consegue cuidar ou ser cuidadoso, a relação está forte o suficiente para se manter e não se romper.

No meu consultório, há um mural onde coloco textos e frases de que gosto (que acho tocantes e/ou

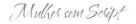

significativos). Durante muito tempo, mantive o provérbio: *Procure me amar quando eu menos merecer, porque é quando eu mais preciso.*

Muitas pessoas vinham da sala de espera tocadas por essa frase. Algumas porque se sentiam naquele momento pouco ou nada merecedoras de amor. Outras porque se sentiam mal e culpadas ao se verem incapazes de cuidar de alguém quando esse alguém mais precisa, por ter dificuldade em manter uma relação quando o outro se mostra abalado ou vulnerável.

Para que alguém consiga carregar e cuidar de uma relação sozinho, em momentos em que o outro está incapaz de retribuir, o vínculo deve estar muito forte. A **parceria emocional** deve ser suficiente para que se reconheça que aquela situação é transitória e que é possível abrir mão de si por um tempo para cuidar do outro, por mais difícil que seja.

Essa parceria emocional pode acontecer não só entre um casal, mas também dentro de uma família. Ao me deparar com situações como as que descrevi no início do texto, em que os filhos dão seu melhor aos amigos sobrando o pior para a família, muitas vezes questiono como sentem os pais na sua relação com eles. Já não me surpreendo mais quando os filhos se queixam que os pais também são muito mais legais e simpáticos com seus amigos. Esse é um momento muito importante para esclarecer algumas questões sobre as relações familiares.

Não digo que todos os pais dão o melhor de si aos filhos. Muitos filhos têm mesmo esse modelo em casa e não é à toa que o repetem, mas, ao mesmo tempo, nós, pais, temos o dever de educá-los, e isso nos coloca muitas vezes num lugar de que nem mesmo nós gostamos, no lugar do chato, do que diz não, do que chama atenção e impõe limites. Existe uma enorme diferença entre sermos pais ou amigos. Podemos ser pais-amigos, porém não apenas amigos, porque, nesse caso, não estaríamos fazendo o melhor que podemos como pais, e sim o mais gostoso.

Cuidar e educar pode ser chato para os pais e para os filhos, contudo ambos precisam ter clareza de que essa é uma forma de amor, e das mais trabalhosas. Ao mesmo tempo, a convivência intensa e constante permite momentos únicos de intimidade, amor e satisfação, que podem fortalecer a relação o suficiente para suportar os momentos difíceis.

Aquela criança educada e obediente que a mãe do amigo elogiou é sim seu filho, precisamos apenas ter o cuidado e a preocupação de criar momentos no dia a dia em que ele possa aparecer. Da mesma forma que os "hahaha" dos BBMs e SMS podem ser da sua filha para você também, se se permitir mergulhar um pouco mais no universo dela.

É importante que fique muito claro para nós e aqueles ao nosso redor que as relações íntimas e diárias podem sim levar a um desgaste e que cabe a nós ter a consciência e o esforço de mantê-las bem cuidadas.

Cabe a nós manter um diálogo para que seja possível falar quando uma das partes se sente mal-cuidada ou até mesmo maltratada, bem como um lugar na relação entre pais e filhos, para que os filhos entendam que ser os melhores pais que podemos implica sim frustrá-los em alguns momentos.

Vale a pena parar para pensar: para quem você oferece o melhor de você mesmo? Se não estiver satisfeito com a sua própria resposta, que bom que parou e refletiu. Acredito que já tenha uma direção para começar a mudar.

Organizando a bagunça

ada pessoa é única. Cada ser humano é composto de um conjunto de características que compõem sua personalidade. Elas não são fixas e determinantes, são plásticas e são como um pano de fundo para o nosso desenvolvimento, para a forma como vemos o mundo, como registramos os acontecimentos e o significado que damos às coisas.

Nesses 12 anos de atendimento clínico, essas diferenças entre as pessoas foram cada vez mais me fascinando. Alguns claramente mais ansiosos, outros mais deprimidos, obsessivos, neuróticos, fóbicos... Uso essas palavras como são coloquialmente usadas. Não me refiro aqui a classificações de psicopatologia da psiquiatria. Essas características estão presentes em maior ou menor intensidade e costumam aumentar em momentos de estresse, como um "*dimer*" que aumenta a luminosidade de uma lâmpada.

Quanto mais estressados, mais essas características ficam claras. Quanto mais tranquilos estamos, mais elas se amenizam. Conforme nos apropriamos de nós mesmos e desenvolvemos nosso autoconhecimento, a intensidade dessas características passa a funcionar como termômetro de estresse e ansiedade.

Esses estereótipos nos ajudam a entender determinados funcionamentos, certas características, e a que ponto elas nos escravizam se perdermos o controle. Uma pessoa que tenha consciência de que tende a ser deprimida, por exemplo, poderá ter uma qualidade de vida melhor se reagir à depressão do que se acabar entregue a ela.

Uma pessoa muito ansiosa, que se agita desproporcionalmente em determinadas situações, poderá se preparar antes que as crises de ansiedade aconteçam. Em vez de entrar num círculo vicioso de pensamentos e medos – que apenas alimentam a ansiedade –, poderá aprender novas formas para amenizar ou mesmo prevenir tais crises.

O autoconhecimento não ocorre por acaso, mas também não acredito que isso só seja possível a partir de ajuda profissional (psicoterapia). Creio que há certo nível de profundidade de autoconhecimento que realmente precise de um processo psicoterápico, mas ele pode começar com um olhar diferenciado para si, para os relacionamentos e para o contexto em que se está inserido.

Para começar uma auto-observação, não podemos esquecer que somos diretamente afetados pelas circunstâncias. Costumo usar um exemplo no consultório: não podemos dizer que uma pessoa tem problema de colesterol apenas levando em conta que sua alimentação é rica em gorduras saturadas, frituras, bacon, bolachas e doces. Primeiro, é necessária uma alimentação mais saudável, para, então, podermos ver como fica o colesterol.

Da mesma forma, é difícil dizer que uma criança tem um tipo de personalidade ansiosa quando está vivendo uma situação de estresse, como mudança de cidade ou separação dos pais (que, por mais tranquila que seja, gera estresse). É natural que uma criança reaja com certa depressão a uma situação de luto; que uma criança tenha sintomas fóbicos, se está sofrendo *bullying* na escola.

Também não podemos ser onipotentes a ponto de achar que seremos capazes de neutralizar o ambiente. A vida não pode ser assim controlada e muito menos tão previsível. Podemos procurar amenizar as circunstâncias que geram dor intensa. Há um nível de sofrimento que se torna tão insuportável, que o corpo pede socorro, e sintomas começam a surgir. Quando a própria pessoa não consegue diminuir o sofrimento de forma satisfatória, deve procurar ajuda em pessoas próximas ou com um profissional (psicólogo ou psiquiatra, nesse caso). Mesmo assim, nós, psicoterapeutas, muitas vezes, ficamos impotentes diante de determinadas situações.

Particularmente, sou uma psicoterapeuta que demora a aceitar a impotência. Recorro à família, a pessoas próximas, se necessário, à escola no caso de crianças e adolescentes (sempre com consentimento e conhecimento do paciente, para não abalar o vínculo de confiança, que é fundamental para a psicoterapia).

Nos momentos de crise, quando entramos num alto grau de sofrimento, podemos nos desestruturar ou podemos nos reorganizar.

Vejo o desenvolvimento humano como um constante desorganizar-organizar, desorganizar-organizar. Se desenvolvermos resiliência (a capacidade de lidar com as frustrações sem nos desestruturarmos), cada crise passa a ser uma oportunidade de amadurecimento.

Tenho um perfil que tende ao obsessivo. Quem convive comigo reconhece isso facilmente. Gosto de organização. Tenho uma afeição especial pela minha máquina de etiquetar. Sem dúvida, quando começo a me empolgar demais com arrumações, já sei que tenho algo dentro de mim a ser organizado. Sendo assim, seria esperado que momentos de desorganização dos pacientes me gerassem angústia, todavia, na verdade, esse é um momento que mobiliza uma característica que é muito forte em mim, a capacidade de reorganizar. Nesse caso, não sou eu que organizo, porém acompanho o processo de reorganização do paciente. Respeito seu *timing*, já que é muito importante saber conviver com o caos interno sem enlouquecer. Coloco-me à disposição para que o paciente se reorganize à sua maneira, podendo recorrer a mim quando necessário.

Em um atendimento, acompanhando um momento de reorganização de uma paciente, surgiu uma metáfora interessante (e, como a maioria das metáforas que surgem em sessão, foi bastante significativa)

Natércia Tiba

que ilustra três formas de reorganização (para falar de forma geral e resumida). Explicarei a seguir.

No consultório, atendo muitas crianças e adolescentes. Frequentemente, as mães ficam na sala de espera enquanto a consulta acontece. Ao término da sessão, não raro observo uma cena no sofá da sala de espera: mães arrumando a bolsa, aproveitando os 50 minutos para organizá-la.

Notei três formas básicas de como fazem isso:

1. **Organização contida:** tudo permanece dentro da bolsa. As coisas são organizadas no espaço interno. Apenas os "lixos" são retirados, em geral papéis que são picados e colocados discretamente num cantinho. Se não estivermos atentos, não perceberemos que se trata de uma arrumação.

2. **Organização discreta:** parte das coisas é tirada da bolsa, mas com certa discrição. Retiram o estritamente necessário, amassam os papéis que serão jogados fora. Olhando a cena, é perceptível que estão arrumando a bolsa, mas nada que possa incomodar os demais ou expor a dona da bolsa.

3. **Organização espalhafatosa:** as coisas são literalmente jogadas sobre o sofá. Os papéis vão sendo separados, formando um bolinho de lixo. As mais extremas chegam a virar a bolsa do avesso sobre o lixo para tirar as sujeirinhas que acumulam nos cantos dentro da bolsa. Tudo isso é feito com muito empenho e concentração (e, não raro, o celular, que está preso entre o ombro e a cabeça, para que conversem com as mãos livres). As pessoas ao redor

são ignoradas (não por mal, mas porque o foco é outro). Se alguém estiver por perto, olhando ostensivamente, pronto, vira um bate-papo e, num minuto, estão contando a vida e trocando telefones.

Não há qualificações nessas descrições. Não há melhor ou pior, certo ou errado, são maneiras diferentes de organizar a bolsa, e que uso aqui como metáfora para reorganização interna. Algumas pessoas se reorganizam silenciosamente (organização contida), parecendo até que nada está acontecendo. Pensam, refletem, são bastante cautelosas e criteriosas nas mudanças de opinião ou de postura.

Natércia Tiba

Outras pessoas, ao se reorganizarem após uma crise, conversam e desabafam com poucas pessoas que julgam de confiança (organização discreta). Recorrem aos amigos, preocupando-se sempre em não incomodar. Testam novas atitudes e repensam. Mesmo que descartem formas de agir e até mesmo relações que concluam pouco saudáveis, fazem-no de forma discreta.

Há ainda as pessoas que, para se reorganizar, precisam colocar tudo para fora. Praticamente todos ao seu redor sabem que estão em sofrimento. Expõem tudo para que possam olhar, analisar. Olham o que será colocado de volta e o que será descartado. Às vezes aprendem a fazer um "pré-lixo" (deixando separado o que ainda não têm certeza se estão prontas para se desfazer). Aquilo que vai ser jogado fora é feito de forma explícita, e o que vai retornando vai sendo colocado num lugar determinado, para que cada coisa tenha seu lugar.

Em qualquer um dos casos, esse processo é contínuo. A cada tanto tempo, é necessária uma nova reorganização. Separei em três modelos para exemplificar melhor, mas existem inúmeras variações entre eles. Repito que não há certo e errado, não há melhor e pior. O importante é que seja possível uma reorganização que possibilitará um amadurecimento. Num extremo, estariam as pessoas de perfil mais depressivo, com uma reorganização bastante contida. No outro, os mais obsessivos. Para tentar garantir que a arrumação fique bem feita, muitas vezes a fazem de um modo espalhafatoso. Tiram tudo, expõem tudo e,

75

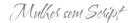

se possível, ao arrumar novamente, colocam tudo em *nécessaires* separadas.

Como psicoterapeuta, tenho o privilégio de, mesmo nos casos em que tudo é mantido dentro da bolsa, poder participar. Sou convidada a reorganizações frequentes. E não importa a forma com que são feitas, são fascinantes e interessantes. Uma forma de reciclar a si mesmo, de se atualizar, dar espaço ao novo, se desfazer do que não serve mais e reaproveitar o que traz felicidade.

Os presentes que a vida nos dá

*M*etáforas. Adoro, sempre gostei. Em determinados momentos, há ideias difíceis de serem expressas, e as metáforas podem ser muito elucidativas.

Considero-me também muito observadora. Cresci com meu pai mostrando detalhes da natureza e peculiaridades no comportamento das pessoas. Qualquer momento de espera era uma oportunidade para observar tudo que ocorria ao nosso redor. Não foi por acaso minha escolha pela Psicologia.

Como diz meu pai, "a vida é muito generosa", mas acredito que, para podermos nos beneficiar dessa generosidade, precisamos estar abertos a receber, dispostos a olhar, sentir o mundo usando todos os sentidos e doar-se à vida e às pessoas.

Procuro manter essa postura no dia a dia com a minha família e especialmente com as crianças é muito fácil, já que são naturalmente curiosas e intensas. Nossas férias de verão em família costumam ser na praia, num local que chamo de "nosso pedaço de paraíso". A primeira semana de férias é sempre diferente das demais. A mudança de rotina, o ar puro, o barulho do mar, a tranquilidade e sensação de segurança (que hoje desconhecemos numa cidade como São Paulo, onde moro) nos anestesiam um pouco. O novo nos encanta, é uma pena que, à medida que vamos nos acostumando, que a novidade vai ficando familiar, o entusiasmo vai diminuindo. Não deixa de ser gostoso, mas é diferente, ficamos mais acomodados, menos surpresos e atentos a tudo que nos rodeia.

Especialmente nas férias de verão de 2010, na primeira semana de praia, depois de um ano exaustivo de trabalho para nós, pais, e de rotina puxada para as crianças, tudo era novidade e permeado por encantamento. A areia fofa e quente, as ondas batendo nas pernas, o som do mar, as conchas coloridas. Esse é um momento especial, em que nós, pais, podemos nos esforçar para voltar a ver as coisas com esse brilho do olhar da criança.

Numa determinada manhã, resolvemos catar conchas. O objetivo era fazer uma coleção, "As conchas das férias de janeiro de 2010". Ao nomear a coleção, essas conchas teriam seu lugar na nossa história, com tempo e espaço determinados. Era como se, nomeando e inserindo num contexto, nos apropriássemos delas.

Enquanto meu marido lia sob o guarda-sol, Dudu (8 anos) e Ricardo (4 anos) pegaram seus baldinhos e lá fomos nós para aquela faixa de areia onde o mar deixa os presentes. É a "faixa dos presentes", repleta de conchas, plantas, pequenos crustáceos e por vezes objetos que não sabemos identificar, vindos do alto-mar, deixados na areia quando o mar recua depois de uma onda.

Fomos andando, atentos às conchas. Cada um pegava conchinhas para si, e eu pegando ora para um, ora para outro. Num certo momento, o Ricardo achou uma concha enorme, roxa, linda, diferente da

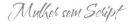

maioria (pequenas, brancas e beges). Ficamos encantados e colocamos a concha no balde com as demais.

Após a primeira reação de surpresa com aquela concha diferenciada, Dudu entrou em crise. Começou a chorar. Queria uma daquelas! Nenhuma das conchas dele era tão bonita quanto aquela. A coleção do irmão, naquele instante, por causa daquela concha, se tornara infinitamente mais interessante que a dele. Claro que, como qualquer mãe que está empenhada em cuidar e educar os filhos, minha primeira vontade foi chamar sua atenção: "Chorar por causa disso? Não acredito!". Como nosso impulso inicial é repetir aquilo que ouvimos quando criança, mesmo jurando que jamais faríamos isso com nossos filhos?! Respirei fundo.

Aproximei-me então do Dudu e disse: "Dudu, tenha paciência, ainda temos muito tempo pra juntar conchas. Tenho certeza que você também vai encontrar uma concha que deixará você feliz, uma diferente também". Ele, com seus 8 anos: "Eu não vou achar uma concha IGUAL à dele!". Realmente, nenhuma concha é igual à outra. Não entendo de conchas, mas, mesmo as mais parecidas, sempre têm algum pequeno detalhe que as torna únicas. Concordei: "É verdade filho, você não vai achar uma concha IGUAL à do seu irmão, mas poderá encontrar uma muito legal também. Vamos continuar caminhando e procurando".

Fomos caminhando. Cada um foi enchendo seu baldinho. Algumas nos levavam a uma reunião: "Vamos analisar se isso é uma concha". Às vezes eram pedras; outras pedacinhos de caranguejos.

Os objetos não identificados eram minuciosamente analisados. Como classificar aquilo que não identificamos? Que necessidade a nossa de entender e dar significados...

Ao mesmo tempo, que delícia ouvir as diversas hipóteses que surgiam da cabeça desses pequenos.

A praia estava movimentada, não lotada. Enquanto nos empenhávamos como catadores de conchas, pessoas passavam caminhando, conversando, ouvindo música, correndo, andando de bicicleta. Num determinado momento, um pouco distante de mim, vejo o Dudu e um senhor japonês grisalho ao seu lado. Vestia uma roupa branca, bermuda, camiseta e um chapéu. Parou ao lado dele e colocou algo dentro do seu balde amarelo. Vi o Dudu olhar para o balde, olhar para ele, murmurar algo e ficar estático. O senhor continuou sua caminhada em passos curtos, mas ritmados.

Curiosos, eu e o Ricardo fomos rapidamente até o Dudu, que apoiou o balde no chão e, com as duas mãos, pegou uma concha enorme, uma maravilha da natureza. Era branca, daquelas fechadas que parecem conter pérola dentro. Estava fechada, lacrada porque era impossível abri-la. Era pesada, perfeita, encantadora... única. Ficamos os três olhando, tocando, analisando, sem dizer uma palavra sequer.

Disse ao Dudu: "Viu só filho?! Não falei que você acharia uma concha especial pra você também?", e ele me corrigiu: "Não fui eu que achei, foi aquele senhor que me deu". Completei: "Sim, mas ele estava caminhando na praia e certamente não achou essa concha aqui, deve ter trazido das pedras, de onde parecia vir. Tinham muitas crianças no caminho e, por alguma razão, foi no seu balde que ele colocou. Não é maravilhoso? A concha roxa do Ricardo foi um presente do mar, e essa foi também um presente do mar, mas trazida por aquele senhor".

Missão cumprida! Todos alegres e satisfeitos com as coleções. Estava bom de conchas naquele dia. Continuaríamos no dia seguinte. Tínhamos muito a compreender sobre a vida a partir daquele acontecimento. Ao voltar para o guarda-sol, os meninos contaram empolgados para o papai, que adorou e se encantou junto. Essa reação foi muito importante para eles, que tiveram a maravilha daquele momento confirmada por quem eles amam e admiram, o pai. Os meninos deixaram seus baldes e foram nadar no mar com o pai. Ricardo volta rapidinho e diz: "Mamãe, toma conta das nossas coleções tá?!". Para ele, assim como para toda família, aquela coleção era muito importante, a ponto de pensar que poderia ser objeto de cobiça alheia. Vai que outro banhista se encanta com nossas conchas e decide se apropriar delas...

Sentei sob o guarda-sol. Havia vencido meu turno com os filhos, agora o turno era do pai. Fiquei ainda um tempo pensando no que havia acontecido. Que delícia olhar meu marido no mar brincando com os meninos. Uma sensação de pertencer ao mundo, abraçá-lo, se encantar e se emocionar. Ao mesmo tempo, um bem-estar de conquista ao olhar para a minha família. Sensação de fazer parte, de poder dar continuidade a coisas tão boas e tão especiais e de poder escrever a nossa própria história.

Meu pai tem razão "a vida é mesmo muito generosa". Que lindo momento vivemos para que o Dudu aprendesse a esperar o seu momento (o *timing* da vida), a respeitar a diferença (que a coleção de conchas do irmão fosse diferente da sua), a lidar com a frustração (de inicialmente não ter achado uma concha tão legal quanto a do irmão) e depois poder ficar maravilhado com a concha que lhe foi dada, saborear o inesperado, aprender com o destino que, sem nenhuma razão aparente, colocou em seu balde uma concha maravilhosa e, em nossos corações, um lindo presente.

Aprendizado para todos nós. Ao sermos cúmplices de momentos assim, nossos vínculos se fortalecem ainda mais, a relação familiar se fortalece. Certamente, as crianças elaboraram essas sensações dentro da capacidade que tinham naquele momento. Uma cabeça de 8 e outra de 4 anos, mas a emoção do que vivemos entra em nossos corações independente da idade, é um registro sinestésico de ter vivido algo especial. Algo que fica registrado em cada uma de nossas células, que passa a fazer parte de quem somos e da construção dos nossos sonhos, nas nossas crenças e na nossa alegria de viver.

Para mim, essa situação foi um grande presente e ficou no meu coração como uma metáfora da vida.

"Como diz meu pai, "a vida é muito generosa", mas acredito que, para podermos nos beneficiar dessa generosidade, precisamos estar abertos a receber, dispostos a olhar, sentir o mundo usando todos os sentidos e doar-se à vida e às pessoas."

Autoconhecimento e autonomia:
pela psicoterapia e por outras vias

O ser humano pode ter várias fontes de prazer e satisfação. Para mim, uma das maiores realizações é aprender coisas novas. É uma sensação um tanto ambivalente. Ao mesmo tempo em que me encanto com as descobertas, me aflijo ao ver o quanto não **sei** e que nunca **saberei** tudo que gostaria.

Hoje, com a facilidade de acesso às informações, preciso ficar atenta para não me perder em sites de busca, atualizações de informações a cada minuto e redes sociais. Sem contar o quanto me enrosco entre as prateleiras de livrarias, apreciando não só temas e conteúdos, mas também capas e formatos dos livros.

Cada nova informação desencadeia uma série de conexões que levam sempre a um aprendizado de algo externo, ou de mim mesma. Isso me fascina. Sinto-me num processo de aprendizado e autoconhecimento contínuo.

Quando tenho oportunidades de me comunicar com o público (qualquer que seja a mídia),

tenho sempre a preocupação de acrescentar algo que faça diferença para os outros. Tenho um grande receio de cair na mesmice, de ficar batendo na mesma tecla. A repetição nos faz surdos e não leva à reflexão ou ao entendimento.

Encanto-me quando me deparo com um olhar do outro (público ou paciente) que me diz: "*Ah, então é isso! Insight!*". De repente, as coisas parecem fazer sentido, como se tivessem encontrado a peça que faltava para completar um quebra-cabeça. Já havia um raciocínio rondando, mas que não conseguia ser completado.

Uma ideia, uma frase ou até mesmo uma palavra vinda de fora pode desviar o caminho viciado dos neurônios, oferecendo novas possibilidades de compreensão e entendimento. Mas há aqui uma armadilha. O poder de conclusão é daquele que já estava com o raciocínio em andamento e não de quem disse a palavra que gerou o *insight*.

No processo de psicoterapia, essa é uma armadilha para o profissional e para o paciente. Frequentemente, o paciente nos olha como se tivéssemos algo poderoso, quase mágico, como se pudéssemos ler e compreender seus pensamentos e seus sentimentos. Como se, finalmente, tivesse encontrado alguém que o entende, que sabe o suficiente para poder ajudá-lo e para dar as respostas que não tem.

O psicoterapeuta tem um estudo voltado para isso, um preparo especial, todavia não tem esse poder (por mais sedutor que seja). O mérito de um processo bem-sucedido é do paciente. Somos uma espécie de

guia, um acompanhante. Somos catalisadores de um processo de desenvolvimento e autoconhecimento pertencente ao paciente, não ao terapeuta.

Ainda recém-formada, uma paciente usou uma metáfora muito interessante: "Chego aqui, falo um monte de coisas, solto um emaranhado de linhas cheias de nós cegos e laços mal dados e você me devolve a linha solta para que juntas façamos um novelo, bem enroladinho". Acredito que esse seja um dos nossos trabalhos como psicoterapeuta.

Quando o paciente fala de si na sessão, não se dá conta de que, para falar de si, precisa organizar minimamente seus pensamentos e sentimentos. Caso contrário, seria um discurso fragmentado e confuso. Sem linha, não há novelo. Cada paciente traz consigo emaranhados, nós cegos e vários laços. Alguns dos laços, ele reconhece; outros, não percebe e não dá o devido valor.

Para que a pessoa perceba o seu real valor no processo, precisa reconhecer que ela é a peça-chave de seu desenvolvimento, reconhecer internamente a necessidade de ajuda, ter consciência e estar disposta a mexer, rever, revirar, resignificar, olhar para o doloroso e também para as suas capacidades e potencialidades. Afinal, essas serão ferramentas importantes na terapia.

A motivação para a psicoterapia aparece quando o paciente se responsabiliza por si mesmo e assume sua própria vida.

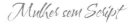

Parece complicado? Nem tanto. E o mesmo vale para o processo com crianças.

Nos atendimentos de adolescentes, adultos, casais e famílias, o verbal costuma ser a principal forma de trabalho. Com as crianças, contudo, a linguagem é muito mais ampla, basta que sejamos capazes de mergulhar no universo infantil (só assim acharemos uma linguagem que seja parte do seu repertório).

A criança precisa saber por que está ali e perceber que será beneficiada, que há um sofrimento ou estresse e que iremos trabalhar juntas para amenizar ou mesmo mudar. Muitos pais temem que se fale sobre os sintomas e/ou que se exponham os problemas para as crianças. Quando uma criança apresenta um sintoma, nem sempre é fácil procurar ajuda. Ainda prevalece a ideia de que "se precisamos de um profissional, é porque não somos bons pais".

Falar sobre o(a) filho(a) para um psicoterapeuta não costuma ser algo fácil. Há um misto de culpa, com pedido de socorro, frustração e preocupação. Seus medos acabam sendo combustível para fantasias e para que tracem prognósticos, carregando fantasmas de gerações anteriores, parentes próximos ou distantes, casos que viram na TV ou jornal ou filhos(as) de amigos(as).

Entretanto, para a criança é diferente. A criança sofre, mas, em geral, os problemas são mais enxutos, pontuais. O risco é que os pais, mesmo que sem intenção, coloquem sobre ela esse peso das hipóteses criadas pela mente adulta. Muitas vezes, depois da dificuldade em dar o primeiro passo – procurar um

Natércia Tiba

psicólogo –, sentem-se aliviados ao separar seus medos e sua história dos medos e da história da criança.

Quando as crianças sabem por que estão em terapia, podem se empenhar mais para melhorar. Não podemos subestimá-las. Imaginem uma criança sofrendo *bullying* na escola. Será que ela sofre menos se o assunto não for falado? Acredito que ela sofra muito mais, porque está em estresse e não sabe o quanto as pessoas que a amam estão mobilizadas com isso e procurando ajudá-la.

Quando conversamos com as crianças sobre o que está acontecendo e confirmamos suas percepções ("Seus amigos não estão te tratando bem e isso está errado, não pode ser assim!", por exemplo), elas se sentem cuidadas (mesmo porque muitas situações são complexas demais para que enfrentem sozinhas). Além disso, mostramos a importância de falar sobre os sentimentos e de dividir os problemas (o que pode ser um aprendizado não só pra elas, mas também para os pais).

Emociono-me ao lembrar de um paciente de 6 anos, um menino considerado *explosivo*, cujos relacionamentos estavam um tanto prejudicados pelo seu nervosismo e sua intolerância. Lembro-me do seu olhar atento seguido de uma expressão de alívio quando disse a ele que, assim como aprendemos a falar, andar, usar o banheiro, aprendemos também a nos controlar, a expressar nossos sentimentos. Para alguns pode ser um pouco mais fácil, para outros mais difícil. Pensaríamos juntos em uma maneira para lidar com a sua raiva sem que se machucasse tanto emocionalmente e sem machucar

aqueles ao seu redor. Para ele foi muito importante ouvir que todos nós sentimos raiva, assim como todos nós temos bons sentimentos e que, conforme crescemos, vamos aprendendo qual a melhor forma de agir.

Que alívio saber que a raiva (ou tristeza, medo...) podem ser sentidos e que o que nos diferencia é como lidamos com isso.

Não somos maus por sentir. Para nós adultos pode parecer óbvio, mas para as crianças os sentimentos ruins podem gerar muita culpa.

No processo de terapia, ele foi desmistificando a raiva, que foi então perdendo seu poder. Começou a sair do lugar de "criança explosiva". Foram surgindo novas possibilidades de lidar com os sentimentos e com as situações. Todos os adultos que conviviam com ele foram tocados pelo seu empenho.

Costumava lhe dizer que ele era um "samurai". Possuía muita força e muita sabedoria. Por saber a força que tinha, podia ser dono dela e não deixar que ela se apoderasse dele. Esse é um exemplo, dentre muitos outros, em que o ato de falar, expor, desmistificar os sintomas e se responsabilizar pelas atitudes auxilia o surgimento de outras formas de lidar com as emoções e situações.

A criança vai se apropriando dos problemas e se tornando cada vez mais responsável e potente diante deles. Aos 6 anos, não é ainda possível assumir por completo a sua vida, porém poderá fazê-lo

Içami Tiba

na medida do possível, conforme cresce. Essa forma de olhar, compreender e se apropriar é um enorme passo, embora nem sempre ocorra de forma tranquila. Com os adolescentes, há vários desafios diferentes daqueles enfrentados por crianças e adultos.

Alguns adolescentes podem se sentir beneficiados ao receber rótulos. Por estarem num momento especialmente crítico da formação da identidade – quando se sentem ao mesmo tempo vulneráveis e deuses –, achar algo que os define pode acalmá-los. Nesse caso, a percepção pode ser uma armadilha, pois, em vez de estimular um processo de mudança, pode levá-los a se acomodar, quando se sentem pertencentes a um grupo, e não raro se agarram a estereótipos.

Quando um adolescente chega como Transtorno de Déficit de Atenção (TDA), como "filho folgado", "caso perdido", "rebelde", "sem noção", acaba se apegando a isso para justificar uma série de comportamentos e atitudes. Na verdade, ser "adolescente", chamado por tantos de "aborrecentes", já lhes permite erguer a bandeira com o lema *ajo assim porque sou adolescente*.

O mais trabalhoso, nesses casos, é que percebam os ganhos e prejuízos que têm com essa atitude. Outro desafio é perceber que afetam as pessoas ao seu redor, podendo machucá-las e magoá-las com seu comportamento. Só assim poderão mudar a postura de *acomodados* por *responsáveis* por suas próprias atitudes. Parece utópico, mas não é.

Não nego que seja um enorme desafio, contudo não podemos deixar que pensem que, por serem adolescentes, podem ser egocêntricos, egoístas,

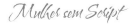

irresponsáveis, imprudentes e que podem sair ilesos daquilo que fazem de errado. O fato de os hormônios não favorecerem o autocontrole não deve ser justificativa para mau comportamento, mas sim uma razão para que entendam que terão que se esforçar mais do que faziam antes para se controlar.

No caso dos adultos, as armadilhas e os desafios são outros. Não raro o terapeuta é colocado no lugar daquele que detém o conhecimento. Ao final da sessão: "E aí doutora, tem como você arrumar tudo isso?".

Eu? Arrumar tudo isso? Em geral tenho apenas 50 minutos semanais, o que eu poderia fazer diante do tempo em que predomina o convívio social e familiar? Nos 50 minutos, damos impulso para que um processo de autoconhecimento e desenvolvimento aconteça, mas é um impulso apenas. O caminhar tem que continuar ao longo da semana, por isso falamos em processos psicoterápicos (e não sessões isoladas de psicoterapia).

Preocupo-me muito com os prejuízos que podem vir desse *lugar de doutores* que frequentemente somos colocados (e que devemos recusar). A não ser que tenhamos doutorado, nós psicólogos não somos doutores. Os médicos e advogados sim, podem ter esse título e devem estar mais atentos ainda para não se embriagar de um poder que na realidade não têm.

Nós, psicólogos, somos sim pessoas com um olhar diferenciado. Capazes de olhar pontos cegos e despertar um olhar de ângulos e perspectivas diferentes. Isso nos diferencia de um amigo que dá conselhos, de uma tia que opina. Temos méritos sim no processo psicoterápico. Admiro muito o nosso trabalho. Vejo pessoas se transformando, crescendo, melhorando a qualidade dos relacionamentos e a qualidade de vida. É um trabalho muito gratificante.

O que me preocupa é o risco de entrarmos nesse lugar *daquele que compreende e sabe tudo*, podendo até mesmo achar que sabemos mais sobre a pessoa do que ela mesma. Afirmações do terapeuta do tipo *não me surpreende que você tenha agido assim, afinal de contas, você é...* me causam calafrios. Quem somos nós pra dizer como a pessoa é?!

Podemos ajudá-la a perceber certos aspectos, certas formas de agir que mais prejudicam do que ajudam, de amarras que não perceba, mas JAMAIS – e digo isso enfaticamente – saberemos mais de uma pessoa do que ela mesma. Não devemos e nem temos como competir com os diálogos internos que acontecem 24 horas por dia. Como diz minha grande amiga e psicoterapeuta, Luciana Jensen, "Como psicólogos e terapeutas, não podemos ser onipotentes e detentores de um poder que não nos pertence".

Cada pessoa precisa assumir sua vida, suas características, dificuldades e qualidades para que possa caminhar sozinha. Nunca teremos controle total das nossas vidas, entretanto o autoconhecimento é fundamental para que se possam desenvolver disciplina, autonomia, autoestima e responsabilidade, ferramentas importantes para lutarmos pelos nossos sonhos e ideais.

Nós, psicólogos, não podemos esquecer que os pacientes vêm e vão, e o que mais queremos é que, ao final do processo, eles possam continuar sua caminhada, num eterno processo de crescimento e desenvolvimento, sem que precisem de nós para isso. Aí sim, temos razões suficientes para nos sentirmos felizes, gratificados e valorizados. É uma alegria quando nos tornamos dispensáveis (apesar da saudade que cada paciente deixa).

Assim como na psicoterapia, a vida nos fornece situações que favorecem nosso desenvolvimento. Se, em meio a esse turbilhão de informações, que nos hiperestimula o tempo todo, não nos deixarmos de lado e, pelo contrário, usarmos essas informações para constante aprendizado e reflexão, estaremos ganhando sempre. Afinal, somos nós que controlamos o quanto absorvemos, quanto nos expomos ou quanto buscamos contato com esse universo infindável de informações, e não o contrário.

Assim como na psicoterapia, não podemos nos esquecer que os responsáveis por nós somos nós mesmos, e que isso nos traz muito mais ganhos do que prejuízos.

Um encontro no espelho

O que faço eu com essa energia circulando
dentro de mim?
Energia de vida, ansiedade.
Um misto de euforia e angústia,
Uma inquietação sem fim.

Mulher sem Script

Uma energia intensa,
Parece que sou capaz de mover montanhas
Mas se esvai com facilidade
E logo me sinto cansada, exausta.
Quando o cansaço me invade,
Sinto-me uma estranha.

Parece que a mulher que tenho dentro de mim
Não combina com a que vejo diariamente no espelho.
Em alguns momentos prefiro a que sinto,
Em outros, sou mais a que vejo.

Minha energia é às avessas,
Acordo cansada,
Em geral não lembro do que sonho,
Devo travar lutas homéricas comigo mesma.
Acordo como quem acaba de sair de uma batalha.

Depois que me levanto, fico horas sem me reencontrar
São pessoas, demandas, tarefas, responsabilidades,
A vida que corre e nos apressa.
Sem querer me encontro num espelho de elevador.
Ufa! Ainda estou inteira.
Orgulho-me da minha força e
me sinto novamente com vigor.

Mas agora não quero batalhas, quero...
O que quero eu?
Sabe que nem sei mais!
Acho que me perdi.

Natércia Tiba

Será que fiquei ali, presa no espelho?
Ou será que me escondi?

Quero sair, ver vitrines...
Ah... Cansei só de pensar.
Quero ver gente, encontrar amigas...
Ai que preguiça de papear.
Vou me aquietar, ler, ouvir música,
Quem sabe até mesmo rezar.
Já estou entediada e ainda nem consegui me sentar.

Onde é o meu lugar?
Do carrinho de supermercado
Ao sucesso profissional.
Onde devo estar?

Percebo então que na verdade,
Não estou num só lugar,
Estou em todos ao mesmo tempo,
Quem consegue me achar?

Sobrevoo a minha vida, pouso onde precisar.
O importante é que eu não me esqueça
Que há sempre paisagem a admirar,
Que sempre tenho onde pousar e
Pessoas amadas pra abraçar.

Há sofrimentos também,
Mas nada que eu não possa suportar,
Com essa energia toda,

Nem um furacão é capaz de me derrubar.
A única com força suficiente pra me esgotar
Sou eu mesma, quando me torno incapaz
de me olhar.

Desabafo
de mãe

*C*érebro de mãe é uma loucura, funciona 24 horas por dia, *non-stop*. Se fosse possível ampliar o som de dentro da nossa cabeça, seria um barulho ensurdecedor, montes de vozes ao mesmo tempo, falando milhões de coisas diferentes. Voz *post-it*, voz ranzinza, voz saco cheio, voz amorosa, voz culpada, voz explosiva, voz que sussurra...

Somados a todo esse som, vozes de crianças ao redor, barulho de videogame, máquina de lavar louça-roupa-secar, aspirador, som alto e aquele som que mesmo quando os filhos não estão perto continuamos a ouvir: "Manheeeeê!!!!".

Vamos ficando atordoadas, começamos 500 coisas e ficam todas inacabadas. Onde foi parar o celular? No banheiro. E a bolsa? Em algum canto da casa. A chave do carro? Essa tem um poder de desaparecimento sem igual. Na hora de sair de casa, é sempre aquela correria. Quando o elevador chega, um dos filhos... "precisa ir ao banheiro".

Essa é a minha rotina de mãe e sei que de tantas outras mulheres. Amigas que desabafam! Mães que chegam exauridas ao consultório! Questionam-se: "Sou eu que não dou conta?" Não! Não é você! Somos todas nós!

Nossas avós davam conta? Sim, mas acho uma comparação sem sentido, dado o contexto, o estilo de vida, as exigências do dia a dia. Nossas mães davam conta? Médio. Cumpriam o papel, mas já ficavam exaustas. Nós damos conta? Se quisermos fazer tudo sozinhas, definitivamente não.

A psicologia vem se desenvolvendo e nas últimas décadas muito se aprendeu sobre as crianças, seu desenvolvimento, a importância da autoestima, o que os traumatiza ou não, o que os sobrecarrega ou não. Mas e a psicologia dos pais? Não falo do papel que devemos desempenhar como pais, mas de nós mesmos, como manter nossa autoestima, como nos preservar, como sobreviver.

Sinto que foi criada uma grande armadilha.

O foco tão grande nos filhos fez com que os pais ficassem na escuridão, tateando seu próprio caminho, em meio a um labirinto. Os filhos na luz e nós... onde estamos mesmo? Os filhos são os protagonistas e nós viramos meros figurantes. Se nós deixamos de nos ver, como os filhos nos veriam?

Não é à toa que, quando os avós chegam, não raro passam reto por nós, ou dão aquele *beijo-automático* e para os netos se abaixam, beijam, abraçam todos melosos. Não culpo os avós. Essa é uma armadilha que os atinge também.

Vejo pais explodindo, nervosos, tendo crises de estresse. Nada justifica violência, não é desse tipo de explosão que falo. Falo de um pedido de socorro que chega a mim carregado de culpa e medo de *danificar* a educação dos filhos. Pais que se decepcionam com atitudes de filhos, que em diversas situações se mostram egoístas (mesmo que estejam numa idade em que já era para terem ultrapassado a fase egocêntrica). Pais que se culpam porque se sentem 100% responsáveis pelo que o filho é ou se tornará. Quanto peso! Ao mesmo tempo, quanto poder!

Nos atendimentos familiares, um dos pontos mais importantes tem sido mostrar aos filhos que os pais são humanos, erram, ficam nervosos, sobrecarregados e explodem também. Parece que a maioria dos filhos de hoje precisa de um *wake up call*: "Ei, tem alguém aqui! Eu, sua mãe (ou pai), existo!"

Os filhos não são também responsáveis pelos pais que somos? Claro que sim! O nível de responsabilidade é muito diferente. Nós apresentamos o mundo aos filhos, passamos a eles os valores básicos. Muitas vezes cobramos atitudes que esquecemos que eles não nascem sabendo, que somos nós que ensinamos... mas chega um momento em que precisamos cobrar deles também. Cobrar na medida do que eles podem oferecer, cobrar pelas responsabilidades que são capazes de assumir.

Há algo que desde o começo precisamos ensinar e cobrar: os filhos precisam ver que numa relação

há sempre alguém do outro lado. Alguém que durante muitos e muitos anos costumamos ser nós, os pais (e irmãos e também os avós).

Devemos sim oferecer a eles o que precisam para se desenvolver, mas ao mesmo tempo precisam abrir mão do que querem por algo maior, pelos relacionamentos, pelo bem-estar familiar, pelo bem-estar dos pais.

Os pais aprendem a ser pais e os filhos aprendem a ser filhos, mas antes de tudo somos humanos, e como tal nos relacionamos, nada somos sem o outro. O eu que atropela o nós pode se sentir bem em curto prazo, mas, na vida, o conforto, o amor, o cuidado e um enorme prazer residem no *estar-com-o-outro* e não com outro que nos serve, mas com outro que existe para nós com a mesma importância com que existimos para ele. Reciprocidade faz parte da educação e é necessária para o bem-estar individual, familiar e social.

A importância do nada

esmo que eu tente, não consigo controlar. Meu cérebro não para de funcionar. Pra mim, a meditação é uma arte e um processo. Limpar a mente, uma árdua conquista que ainda não alcancei.

Meus olhos enxergam tudo, meus ouvidos ouvem todo e qualquer som. Meu paladar... mediano. Meu olfato... quase inexistente. Não por "defeito de fabricação", por característica mesmo.

Quando passeio com meu cachorro, um *golden retriever* do tamanho de um bezerro, fico fascinada com a forma com que ele explora o percurso do nosso passeio. Ele cheira, cheira e cheira mais um pouco. Algumas vezes empaca em um ponto e fica cheirando por alguns minutos. Ameaça andar e volta com o focinho para o mesmo lugar. Fico intrigada. Sei que os machos delimitam território, mas ele precisa de tanto tempo assim pra se certificar que outro macho esteve ali? Fico criando hipóteses do que estaria passando pela sua cabeça. *"Que macho foi esse que esteve aqui? Estava sozinho? Será que está de olho nas mesmas cadelas que eu? De onde ele veio? Para onde ele foi?"*.

Mulher sem Script

Começo a rir sozinha. Não entendo nada de cérebros dos caninos. Conexões acontecem ali, sem dúvida, mas pensar assim? Não, ainda mais o meu Simba, zen total, parece em constante estado de meditação. Tento me convencer: "ele não está pensando nada, está apenas cheirando", mas para mim é muito difícil compreender.

Meu modo de compreender o outro é sempre colocar-me em seu lugar. Consigo me colocar no lugar dele em vários momentos (quando digo que está com saudades do meu marido, seu dono; quando acho que está triste porque não brinquei muito com ele), mas me colocar no lugar dele num momento em que apenas cheira e não pensa... impossível.

Já senti essa mesma estranheza em outras situações, quando meu filho caçula trouxe desenhos e como 99% das pessoas perguntei: "*Que lindo! O que é isso?*" e ele, com a maior naturalidade: "*Nada, só desenheí*".

Como assim? Nada? E "nada" pode ser um desenho? Difícil entender. Mais difícil ainda quando ele me trouxe suas primeiras esculturas em argila feitas na escola. "*Nossa filho! Que beleza! O que é?*" E ele simplesmente (sem imaginar o quanto me angustiava): "*Nada, uma coisa que eu fiz*".

Coisa? Que coisa? Essa capacidade de **criar** e apenas **criar**, sem um fim, tendo a **criação** como principal momento é maravilhosa, mas infelizmente, conforme crescemos, vamos perdendo. O meu caçula mesmo, hoje, já dá um fim a tudo que começa: "*vou desenhar um...* (sempre algo com uma forma, um significado)". Os artistas abstratos mantêm essa capacidade, ou muitos deles a perdem e a recuperam ao longo da carreira artística.

Vamos perdendo a liberdade do nada e dando forma a tudo, basta observar as pessoas diante de um quadro abstrato. Não raro estão discutindo "*o que veem ali*".

Lembro-me de ter ficado estarrecida com uma exposição do Picasso que tive chance de visitar. Como são perturbadores os quadros da sua "maturidade artística". Surpreendi-me quando vi as obras do começo de carreira dele. Lembro-me de uma delas em especial: um quarto, desenhado traço por traço, cada objeto em seu devido lugar. Olhava para aquela obra e, se não

fosse a assinatura no canto, jamais pensaria que fosse feita por Picasso. Naquele momento, a famosa frase dele fez todo o sentido pra mim: *"Antes eu desenhava como Rafael, mas precisei de toda uma existência para aprender a desenhar como as crianças"*.

Quando penso na nossa incapacidade de ficar no nada (na qual me incluo), dois pontos em especial me chamam atenção. Primeiro: nós, seres humanos, seres pensantes, precisamos dar significado às coisas, dar um sentido a partir de nosso próprio olhar. O sentido que passa pela nossa história de vida, por nossos registros.

Está cada vez mais difícil lidarmos com o "nada", já que hoje sempre temos "tudo" a mão.

Nosso cérebro desde cedo é bombardeado por estímulos e se acostuma a ficar sempre em funcionamento.

Para os adolescentes de hoje, ouvir música não é uma ação em si. Eles ouvem música, mas precisam fazer alguma coisa ao mesmo tempo (navegar no computador, enviar mensagens pelo celular ou pelo msn, desenhar, ler). Quando eu era adolescente, e já se vão muitos anos aí, ouvir música era fazer alguma coisa. Lembro-me de colocar o "disco" na "vitrola" e deitar na cama pra ouvir, sem fazer mais nada, só ouvindo. Hoje nem eu faço mais isso. A música continua tocando sempre, mas levo o iPod com a caixa de som para onde estou "fazendo alguma coisa" (escrevendo, organizando, me arrumando...).

Natércia Tiba

Lembro-me de uma música gravada pelo Chico Buarque que me marcou quando eu tinha uns 14 anos. Dizia assim *"é sempre bom lembrar, que um copo vazio está cheio de ar"*. Não me lembro de mais nada da música, só dessa frase, portanto, tirando do contexto, não sei dizer o que o autor pensou quando a escreveu. Lembro que essa frase me gerou uma espécie de inquietação: a impossibilidade do vazio, afinal tudo está cheio de ar. Não sei se foi uma boa percepção ou não, mas foi inevitável.

O fato é que, hoje em dia, o ar não preenche. Preciso dele para respirar fundo, encher meus pulmões. Fisiologicamente ele é muito, emocionalmente ele virou "nada". Um copo vazio está vazio, deixa de ser útil, a não ser que seja decorativo, mas novamente estamos aqui dando uma função a ele.

Ao perdermos a capacidade de ficar no nada, abandonamos alguns aspectos positivos da vida. Perdemos aquilo que alguns chamam de "ócio criativo", aquele espaço de não fazer nada, onde surgem ótimas ideias, respostas ou *insights*. Perdemos também algo muito importante para o nosso desenvolvimento pessoal: a capacidade de ouvir nossos próprios barulhos, nossos diálogos internos, nossas emoções mais íntimas, nossas sensações, nossos mais secretos pensamentos.

Muitas vezes esses barulhos internos podem ser ensurdecedores, angustiantes e insuportáveis. Mas é necessário parar e ouvir para se dar conta de que algo não está bem, para poder então se acalmar e, dentro do possível, se harmonizar. Se harmonizar não

significa que nossos sons internos precisem entoar uma bela melodia (até porque eu não saberia dizer o quanto isso é possível, mas os barulhos dissonantes demais levam a um grau enorme de sofrimento).

Quando não ouvimos nossos próprios barulhos, o corpo se encarrega de manifestá-los e pode fazê-lo das formas mais estranhas, desde sintomas físicos até tiques nervosos. É a somatização aparecendo como um grito de socorro e nos alertando para o fato de que não temos nos ouvido o mínimo necessário para cuidar de nós mesmos.

Pode acontecer também de experimentarmos um prazer enorme ao ouvir nossos próprios barulhos, sejam eles batuques, zunidos, chiados, gritos ou sussurros. O importante é saber da importância desse sentir, de se ouvir, olhar para dentro e se apropriar das sensações. Alguns podem ter sido construídos pelas nossas vivências, outros podem ser "sons congênitos", que nasceram conosco, outros ainda podem ser apenas ecos de pessoas amadas, de relações importantes, pessoas que já se foram.

O mundo pós-moderno tem muitos encantamentos: a internet, as redes sociais, a facilidade para ter contato e obter informações. Vejo essas conquistas com bons olhos porque acho que o bom uso disso tudo nos beneficia muito, mas precisamos estar atentos (por nós e principalmente por nossos filhos), para que esse mundo não se torne uma grande armadilha, que abre nossos órgãos do sentido para o mundo, mas nos ensurdece de nós mesmos.

Natércia Tiba

Nossa contribuição ao mundo será especial a partir do momento que refletir nossa pessoalidade, nossa individualidade.

Mas como poderemos saber de nós se não pararmos para nos conhecer, nos ouvir e nos apropriar de nosso universo interno?

Para isso, o "nada" pode ser um grande aliado, um facilitador. Pode não parecer muito tentador, mas não tenho dúvidas do quão enriquecedor pode ser. Quando convivermos melhor com ele, talvez possamos também lidar de modo mais tranquilo com nossas emoções, sem precisar descobrir a razão por que amamos tal pessoa e não outra, por que nos sentimos bem ao ouvir o som do mar, por que nos sentimos tristes de vez em quando, por que nos emocionamos com uma música ou diante de um jardim florido. Poderemos sentir e ponto, sem entrar na espiral de hipóteses que nos enlouquecem e nos afastam de nós mesmos.

"Perdemos algo muito importante para
o nosso desenvolvimento pessoal:
a capacidade de ouvir nossos próprios
barulhos, nossos diálogos internos, nossas
emoções mais íntimas, nossas sensações,
nossos mais secretos pensamentos."

Uma viagem para longe de tudo, mas para bem perto de mim

osto de ficar sozinha de vez em quando. Nessas horas não sinto solidão, sinto um grande prazer. Os diálogos internos começam e tenho longos papos com meus montes de eus, ouço, respondo e retruco meus próprios questionamentos, pensamentos e reflexões.

Nessas horas que fico comigo, viajo. Visito lugares em que já estive, fuço meu arquivo de lembranças, me emociono, rio, choro Embarcar nas emoções é algo que adoro!

Sentada diante de uma pilha de cadernos e livros dos meus filhos, todos esperando para serem encapados, viajei para longe. Longe no tempo, mas para mais perto de mim mesma. Foi uma daquelas paradas em meio à rotina na qual perdemos a noção do tempo.

Comecei meu "trabalho". Por fora: desenrola, abre, mede, corta, cola... Por dentro: reviravoltas intensas, vira, mexe, abre, fecha, esconde o que não pode ser cortado... Deparo-me com coisas perdidas e escondidas... Muita ação dentro e fora de mim.

O cheiro do *contact*, os pedacinhos recortados grudando nos pés... Toda a situação me direcionou a certas lembranças. Recordações da minha infância, da escola, da ansiedade de primeiro dia de aula.

As lembranças de época de escola vêm sempre permeadas por muita emoção. São recordações cheias de cheiros (de pipoca, picolé de groselha e pão de queijo da cantina), de sons (das pedrinhas do pátio, dos apitos dos professores de educação física, dos triângulos, reco-reco e tambores da aula de música).

Natércia Tiba

Dentre tantas boas lembranças, uma delas ocupa um lugar muito especial: meu pai encapando meus livros e cadernos da escola. Ele sempre o fez com tanto capricho e perfeição Hoje, vendo o trabalho que dá, valorizo ainda mais. O meu material encapado pelo meu pai ficava impecável. Além da simetria das dobras internas do *contact*, as raras bolhas que se formavam eram estouradas por ele com agulhas. Inacreditável! Paciência de japonês somado ao amor de pai.

Essa lembrança foi puxando outras, como se, dentro de mim houvesse uma cartola mágica. Sem perceber, fui ao fundo do baú das boas recordações. Meu pai chegava tarde e ficava horas encapando meu material. No dia seguinte, ao acordar, eu colocava rapidamente o material dentro da mochila, naquela correria típica de criança indo pra escola cedinho. Não havia tempo para reparar no material, mas eu ia feliz, certa de que estava tudo lindo.

Ao chegar à escola, ainda na primeira semana de aula, eu ia colocando um por um sobre a "carteira". Fechava os olhos e passeava os dedos sobre cada um dos livros e cadernos encapados. Com as pontinhas dos meus dedos eu conseguia sentir onde havia bolhas estouradas pelo meu pai. Eram furos tão pequenos e delicados que, para serem encontrados, exigiam concentração e muito tato.

Era um momento de amor. Amor de pai, um misto de cuidado, carinho, dedicação e atenção.

Mesmo em meio à dura caminhada como médico, essa era uma forma de o meu pai se fazer presente. Não acho que, naquela época, ele tinha noção do alcance desse gesto. Para ele era natural, parte de seu jeito de ser pai. Os encontros diários com os livros e cadernos acabavam sendo também um lembrete desse amor.

As lembranças trazem emoções que, por sua vez, vão trazendo mais lembranças. A cartola mágica vai puxando lenços coloridos que não acabam mais. De repente, as recordações dos livros encapados abrem a porta da casa em que eu morava naquela época e o amor paterno puxa o amor da família, o ambiente gostoso do lar. Vejo-me pequena, chegando em casa, deixando tudo sobre a mesa da copa antes de me deitar. Eu tentava dormir, mas na verdade só dormia depois que ouvia meu pai chegar. Ouvia

Natércia Tiba

o som das correntes vindo do elevador, o estalo da porta de madeira, o barulho das chaves e... porta de casa abrindo, passos leves no corredor, beijo de "oi" na minha mãe, pratos e panelas (esquentando o jantar), conversas sussurradas para não acordar os filhos. Até que eu ouvia meu barulho preferido: "o silêncio do meu pai encapando os livros". Junto com esse silêncio vinha uma paz, como se estivesse recebendo um carinho.

Era um ritual que acontecia com naturalidade, ano após ano. Minha mãe cuidava dele e então ele cuidava de mim. Encapava como ninguém e ainda, depois de tudo isso, de madrugada, cansado, passava as mãos sobre os livros, achava as bolhas e as estourava. Nunca o vi fazendo isso, mas a imagem que tenho dessa cena, uma cena imaginada, é linda e emocionante.

No Tiba-médico-exausto cabia ainda o Tiba-pai que ficava até altas horas da madrugada encapando meus cadernos e nunca como obrigação, mas com amor. No cuidado de fazer bem feito, aprendi muito sobre o amor aos livros, ao estudo, a valorizar todo aquele material que iria me acompanhar o ano todo e senti na pele, na ponta dos meus dedos, o amor e a dedicação aos filhos.

Aprendi que o amor paterno e materno também é algo a ser cultivado. É um amor que sofre grande desgaste diário com a educação, com a rotina, as cobranças e expectativas. Muitas vezes nos esquecemos de que precisamos criar momentos gostosos que fertilizem essa relação. Momentos que se tornarão

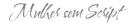

lembranças gostosas e que farão parte de nós. São os registros do nosso merecimento de amor e cuidado que se transforma numa segurança básica, num pilar emocional muito importante, para que, mais para a frente, sejamos também capazes de amar e cuidar.

Volto da minha viagem quando percebo que encapei todo o material dos meus filhos. Já é madrugada, mas não me sinto cansada. Falta apenas mais uma etapa, passear os dedos pelas capas e estourar as bolhas, levando adiante na minha família esse lindo ritual de amor e cuidado.

A dor que se transforma em amor

ascemos precisando do outro, sedentos por cuidado e por relacionamento. O ser humano nasce tão frágil, tão vulnerável, que sem cuidado e amor não sobrevive. Mesmo se receber os cuidados básicos, como higiene e alimentação, fica deprimido se não for tocado, se não sentir o calor e o carinho de outro ser humano.

Creio que, desconsiderando as psicopatologias, uma pessoa que se desenvolveu num ambiente saudável, quando se encontra diante de outra pessoa em sofrimento, tenha como primeiro impulso ajudá-la. Quando não pervertido, acredito que o bem seja a primeira escolha.

E o que significa escolher o bem? Para mim, escolher o bem é prezar não só pelo próprio bem-estar, mas pelo bem-estar de todos. É cuidar de si e cuidar do outro. Não desvirtuar seus valores por ganância e apego, abrir mão de si quando necessário e doar-se nas relações, disponibilizar-se para os outros, sendo autêntico sempre.

Não digo que nos doar e oferecer o melhor de nós seja fácil. Cuidar do outro nem sempre é tranquilo. Receber cuidado também pode ser difícil. As situações que nos colocam diante da vulnerabilidade e fragilidade nossa ou do outro nos angustiam, são questões existenciais profundas, como a condição humana, a morte, a perda, a solidão, o abandono...

Para que possamos cuidar do outro, precisamos de permissão do nosso passado.

Para aqueles que nunca foram cuidados, pode ser muito dolorido oferecer o que não tiveram. Ao mesmo tempo, ao cuidar do outro, cuida também de si mesmo.

Quantas pessoas sofreram muito, enfrentaram rejeições, ficaram soltas na vida quando precisavam de colo e se tornaram belas cuidadoras? Muitas vezes, a ausência nos faz valorizar mais alguns sentimentos e algumas atitudes porque sabemos o quanto dói a ausência delas.

Em 2010 tive uma experiência muito marcante, da qual não tenho dúvidas do quanto saí engrandecida. Estive diante de uma pessoa que vejo como uma grande expressão do bem, do cuidado e do amor. Uma pessoa que transformou as dores imensas da sua vida numa enorme capacidade de cuidar do outro: Dr. Hunter "Patch" Adams[2].

---

[2] Dr.Hunter "Patch" Adams: Médico norte-americano que inspirou o filme "Patch Adams – O Amor é contagioso." (1998), tendo o ator *Robin Williams* como seu intérprete.

Natércia Tiba

Para mim era a realização de um sonho poder estar perto dele e, mais ainda, algo que era inimaginável, poder participar de vivências coordenadas por ele. Patch Adams é um homem de 65 anos, alto, magro, cabelos longos, metade grisalhos, metade azuis e amarrados num rabo de cavalo, bigodes longos brancos, uma roupa um tanto bizarra (estampas divertidas misturadas e uma gravata em formato de peixe) e em uma das orelhas um grande brinco em formato de garfo. Sua aparência pode gerar estranheza, mas diria que é um ser iluminado. Sim, ele se veste diferente, se comporta diferente. É um ativista da paz e como ele mesmo diz "um revolucionário do amor".

Com uma história de muito sofrimento, três internações e tentativa de suicídio, mudou por completo seu rumo ao decidir cuidar do outro e tornar-se um instrumento de paz, amor e justiça. Se veste dessa forma porque acredita que o primeiro contato com as pessoas seja visual e, como quer tocá-las de alguma forma, usa sua aparência para estimular a interação. Pode ser um olhar de espanto ou um sorriso de diversão.

Dr. Patch desenvolveu uma linha de trabalho que vai além do que é descrito no filme baseado em sua história. É muito mais do que um *doutor do riso*. Para ele, o riso é uma das melhores formas de promover o bem-estar, mas a base de todo o seu trabalho é a compaixão e o amor.

Em contato com ele, tive chance de sentir e descobrir um olhar diferenciado para o sofrimento e para o cuidado. Um olhar que desperta em nós amor e compaixão. Em uma das vivências que realizou com o grupo, pediu que nos imaginássemos num campo de refugiados (situação muito comum para ele e sua trupe, que há 23 anos fazem cerca de nove viagens ao ano a campos de refugiados, países em guerra e orfanatos). Nessa situação não tínhamos nada a oferecer em termos de alimentos e medicamentos. Tínhamos apenas nós mesmos.

Foi uma descoberta e tanto ver que, ao mesmo tempo em que não tínhamos nada, possuíamos muito. Numa situação de extrema dor e sofrimento, colo, acolhimento, amor e sorrisos acalentam a alma. Todos nós temos a principal ferramenta para cuidar do outro: o amor. Essa é a grande beleza do ser humano e por ela

Natércia Tiba

que devemos lutar. É essa a principal ferramenta que precisamos desenvolver nos nossos filhos. É também o elemento principal das relações e a partir dela podemos desenvolver o cuidado, o carinho, a compaixão, a paz...

Ao se deparar com uma situação de sofrimento, Patch Adams se sente impulsionado em direção a ela. É um compromisso que tem com a vida e com o outro. Não é uma escolha fácil, mas sem dúvida muito bonita e admirável.

Cuidar do outro não implica necessariamente eliminar ou repelir o sofrimento. Mesmo porque, muitas vezes, não temos esse poder diante das circunstâncias. Lutar contra o sofrimento, negando-o ou minimizando-o, pode demandar muito mais energia do que o acolher. O sofrimento acolhido tende a se acalmar e, com isso, inclina-se a diminuir naturalmente.

Não significa que devemos ser passivos diante de situações que nos fazem sofrer, mas sim que possamos entender que sofrer faz parte da vida e que precisamos dar tempo para que cicatrize, pois é no processo de cicatrização que mais crescemos.

O sofrimento é inevitável. Em algum momento da vida iremos nos deparar com momentos dolorosos, uns mais, outros menos. Faz parte da vida, assim como a alegria, como um pêndulo que oscila ora para lágrimas, ora para sorrisos. A felicidade não teria sentido e os sorrisos não teriam o mesmo brilho se não fossem as lágrimas.

E o que são momentos felizes? Acredito que sejam aqueles com os quais temos recursos para lidar,

nos quais não nos desestruturamos a ponto de ficarmos sem chão. Um momento que pode ser de muita dor para um, pode ser de alegria para outro.

Penso em situações de doença, em que uma pessoa precisa reaprender a usar a voz após um longo período de traqueostomia, por exemplo. Suas primeiras palavras podem ser motivo de muita alegria, se ela acreditar que aquele é o começo de um processo que a levará a falar novamente. Há sofrimento e empenho para conseguir falar, mas ao saírem as primeiras palavras, alegria. Sua bagagem faz com que veja esse momento como um recomeço e uma grande conquista. Envolve fé em si mesmo e fé na vida (não fé religiosa, mas um sentimento íntimo de que as coisas caminharão bem).

Outra pessoa, com uma bagagem totalmente diferente, pode viver esse mesmo momento como fracasso, alimentando ainda mais o sofrimento. Afogando-se num mar de questionamentos e buscando uma razão, um motivo ou uma explicação para o que está acontecendo. O fato parece confirmar para ele que a vida é sempre assim, a duras penas.

Viver a situação de forma mais ou menos dolorosa não é uma escolha. As pessoas reagem da forma que conseguem, com os recursos que têm naquele momento.

Ter consciência de que sua forma de ser no mundo cultiva ou transforma a dor pode fazer toda a diferença.

Saber que cada um de nós carrega o principal antídoto para o sofrimento nos alivia, e engrandece o compromisso que temos com o outro e com a nossa vida.

Não basta sermos capazes de amar, precisamos cultivar e colocar o amor em cada gesto. É isso que fará com que nossa existência faça a diferença e que o bem prevaleça.

"E o que significa escolher o bem? Para mim, escolher o bem é prezar não só pelo próprio bem-estar, mas pelo bem-estar de todos. É cuidar de si e cuidar do outro. Não desvirtuar seus valores por ganância e apego, abrir mão de si quando necessário e doar-se nas relações, disponibilizar-se para os outros, sendo autêntico sempre."

Foi dada
a largada!

*T*oca o despertador. Como assim?! Deve ter algo errado! Acabei de deitar! Levanto pra checar as horas. Tenho essa mania de deixar o despertador longe, para que não possa apenas desligar, virar pro lado e voltar a dormir.

Com a vista embaçada, olho e vejo que já são 6 horas. Olho ao redor e vejo o caçula deitado na nossa cama, espremendo meu marido num canto, todo encolhido. Deve ter acordado dolorido. E no sofá, meu mais velho, que já quase não cabe mais ali.

Que bagunça! O que houve aqui? Ah, lembrei! Hoje é o primeiro dia de aula, nenhum dos filhos conseguia dormir de ansiedade e excitação. Acabaram vindo para o nosso quarto e por fazer parte da cláusula *exceções das noites de extrema ansiedade*, ali permaneceram.

Hoje não posso atrasar. É um dia especial. Faço um esforço para me esquecer do cansaço do domingo. Em vez de descansar, foi o dia de colocar a vida em

Mulher sem Script

ordem pós-ausência de férias para recomeçar a rotina. Só me sinto acordada após lavar o rosto com água gelada e sentir a pasta de dente ardida. Talvez um tratamento de choque para o sono mais persistente.

Vou me trocar e quando olho pela janela do closet... um maravilhoso amanhecer. Do meu apartamento vejo uma boa parte de São Paulo. Desconfio que um pouco daquele tom alaranjado esfumaçado tenha a poluição como um dos ingredientes, mas mesmo assim é lindo de ver (não de respirar). Dou uma corridinha para pegar o celular e fotografo aquela imagem.

Abro a janela pra fotografar e esperando uma deliciosa brisa (talvez por ter me acostumado a ela no meu mês de praia). Sinto apenas o ar pesado e parado. Mas a vista continua linda, ainda bem! Faço a foto e a imagem parece ainda mais linda!

Puxa, uma boa imagem para desejar bom dia aos amigos através da rede social e aos amigos e aos desconhecidos pelo twitter (alguns dos quais já se tornaram conhecidos). Não olho nada de mensagens, e-mails... envio meu bom-dia e pronto. Para muitos, é uma segunda-feira normal, para mim e para minha família é o começo do ano, o início da maratona.

Enviado meu bom-dia, vejo que começam a pipocar na tela do meu celular *bons-dias* em retorno. Tenho o impulso de responder um a um em tempo real, mas tenho os ponteiros do relógio me apressando. Vou para a cozinha preparar o café.

Quase infarto ao entrar lá. Tinha esquecido que a pia estava tão cheia. Organizadamente cheia, mas lotada, mais do que uma boa dona de casa é capaz de suportar. Respiro fundo. Faço vista grossa. Aquele olhar que olha mas não vê. Não dá tempo de arrumar, nem adianta ficar ansiosa.

Nem sempre tenho tempo de preparar o café da manhã, mas quando posso fazê-lo acho gostoso pegar o que cada um gosta e colocar na mesa. Excepcionalmente, por não ter tido tempo de comprar o refil da máquina de expresso, resolvo *passar* um café. Só de pensar nisso fico nostálgica.

Por alguns segundos acho que a ansiedade da manhã vai me atropelar e que não terei paciência de fazer todo o ritual.

Respiro fundo mais uma vez e resolvo fazer tudo com calma. Afinal, acordei mais cedo que os demais para que fosse uma manhã tranquila.

O mundo pós-moderno é, no mínimo, curioso e apressado. Olho para o balcão da cozinha e vejo a garrafa elétrica de esquentar água, que o faz em tempo recorde. Ao mesmo tempo, vejo o caneco sobre o fogão. Já que decidi *passar* o café, decido fazer tudo à moda antiga. Encho o caneco e coloco a água para ferver.

Meu Deus, a água sempre demorou tanto assim para ferver? Que demora. Devia ter optado pela garrafa elétrica mesmo. Percebo porém que aquele é um bom exercício para começar o dia exercitando a calma e a paciência.

Ao pegar o coador de papel e fazer as dobrinhas embaixo e na lateral, viajo no tempo e espaço e por segundos as paredes ao meu redor têm azulejos brancos com desenho laranja, como se eu tivesse entrado no túnel do tempo e voltado aos anos 1970. Reconheço a cozinha. É o apartamento que morei do meu nascimento à adolescência. Talvez tenha sido lá que eu tenha me aventurado a fazer os primeiros cafés. Afinal, para poder casar, eu deveria saber fazer ao menos um café bem feito.

Penso em ir acordando os filhos, mas sou tomada pelo medo de esquecer o caneco no fogo, secar a água, derreter tudo e pegar fogo na casa. Momento catástrofe. Talvez tenha certo trauma pelas chupetas que derreti ao esterilizar quando meus filhos eram bebês.

Olho pra água, ela me olha. Será que água é que nem milho de pipoca na panela? Sempre me disseram que, se ficarmos olhando para a panela, o milho

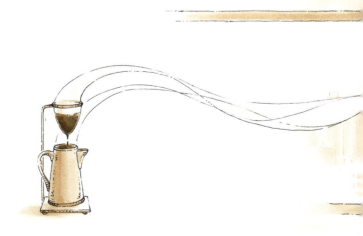

não estoura. Nunca testei, opto pela pipoca de micro-ondas e pronto. Ela me parece menos temperamental. Estoura e acabou, sem essa de "não me encara".

Na dúvida, afasto-me da água, ando pela cozinha meio que assobiando para que a água não perceba que espero que ela ferva. Escuto o borbulhar e estranhamente surge uma lembrança das aulas de Física: a água atingiu 100 graus centígrados e entrou em ebulição. Que estranho nosso cérebro... cada uma.

Café posto, pãezinhos no forno, tudo na mesa. Pego as *mudas* de uniformes separadas no dia anterior (quando descobri que a maioria deles está pequena. O que me fez acrescentar no meu "to do list", "comprar uniformes novos para as crianças").

Vou ao meu quarto acordar os três, marido e filhos. No caminho, um afago de bom-dia no Simba, nosso *golden retriever*, que deita na entrada do corredor

dos quartos, sem perceber que é um grande obstáculo para passarmos. Ele tem certeza que tem o tamanho de um poodle e acredito que acabamos alimentando essa crença quando, em vez de pedir que saia do meio do caminho, todos, sem exceção, se dão ao trabalho de pular para não incomodá-lo, mesmo que leve a um quase espacate no ar.

Hoje tenho um trunfo para tirar as crianças da cama. Basta dizer: "Meninos, hoje é o primeiro dia de aula!". O mais velho pula alegre do sofá e corre para o seu quarto. O reencontro depois, tomando café da manhã, prontinho, ofegante pela ansiedade de ir pra escola.

O trunfo parece não funcionar tão bem com o caçula, estatelado no lugar que julga ser o melhor do mundo, a cama do papai e da mamãe. Ele diz que a cama é mais macia e que tem cheirinho da mamãe. O que eu poderia colocar na cama dele pra competir com isso? Nada, não há como competir com esse cheiro.

Começo a beijar, cutucar, colocar as meias. Ele colabora, mas ainda de olhos fechados. Visto a calça… ele já tem idade pra fazê-lo sozinho e sempre o faz, mas não quero deixar esse chamego enquanto posso. Na hora de vestir a camiseta: "Mãe, espera, eu preciso "se" espreguiçar."

Puxa, não me lembro da última vez que "se" espreguicei. Acordo sempre agitada e acho que acabei perdendo esse hábito saudável.

Uma pena, preciso resgatar. O caçula se espreguiça de um lado para o outro. Pelos sons que faz, acredito que espreguice também suas cordas vocais.

O pai havia recém-deixado a cama, dando espaço pra que ele rolasse e se espreguiçasse até quase distender algum músculo. Sentou e disparou a falar que tinha muita sorte em passar para o 2º ano, que o parque agora seria mais tarde... e começou uma fala desenfreada mais rápida do que o despertar dos músculos da face, tornando o discurso um tanto embolado, mas também fascinante. Peguei-me olhando pra ele, sorrindo, mas sem entender quase nada, até porque viajei naquele sentimento de mãe tipo "como meu filho é lindo".

Todos tomam café. O caçula comenta com o maior: "Nossa, parece que eu "tô" tremendo por dentro!", e o maior, para meu deleite responde: "Eu também "tô" assim, não é frio, é ansiedade".

Por ser primeiro dia de aula, pai e mãe querem levar para a escola. É um programa familiar. Vamos com dois carros? Assim de lá cada um segue para o seu trabalho e evita um pouco do trânsito? Não, vamos em um só, todos juntos.

Desço surpresa com a tranquilidade daquela manhã. Sem ninguém ter que apressar ninguém, sem atritos entre os irmãos... O mais velho com uma linda autonomia de menino de 10 anos e o caçula ainda com os chamegos de um garoto de 6.

Parece um daqueles momentos em que é melhor nem pensar que está bom para não piorar. Que besteira

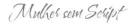

isso... quando temos um momento assim, temos de curtir e usufruir para que a felicidade não fique sempre no passado, do tipo "eu era feliz e não sabia".

Talvez seja um daqueles momentos que algumas pessoas dizem para não comentar para evitar "uruca", mas não acredito nisso. Não acho que joguem "uruca" na minha família por sermos felizes e acho que, se o fizerem, não nos atingirão. Nossa forma de viver, de nos relacionarmos e lidar com os fatores externos é algo que nós mesmos definimos. Ao mesmo tempo, tenho consciência que somos uma família como tantas outras, com momentos fáceis, gostosos e felizes e com momentos tensos e difíceis.

Mas essa foi uma bela manhã. Voltando para casa depois de deixar os filhos, conhecer as novas professoras e se encantar com as carinhas dos amigos no reencontro pós-férias, meu marido segura minha mão, olha pra mim e diz: "Missão cumprida!". Foi dada a largada!

TPMR

á situações no dia a dia que podem nos tirar do sério ou nos divertir muito. Os homens costumam se divertir ao nos descrever com TPM (Tensão Pré-Menstrual), apesar de se incomodarem com isso na convivência (com razão). Mas não são só as mulheres que têm comportamentos desproporcionais e até mesmo bizarros.

Os homens costumam ter seus *hobbies* e de modo geral isso costuma ser o seu "calcanhar de Aquiles". A noite de 5ª do futebol, a manhã de 6ª do tênis, a sinuca da 4ª... programas *sagrados* que, segundo eles, os mantêm mentalmente sãos (e em teoria bem fisicamente. Em teoria porque conheço homens que emagrecem quando deixam de ir ao futebol com os amigos, porque a atividade física costuma ser seguida por uma ou mais cervejas, amendoim ou até pastel).

Geralmente, um ponto que os fazem reagir desproporcionalmente é o controle remoto da TV. É como se ele, o controle, concretizasse o poder do homem provedor. "Trabalhei o dia todo. Agora que cheguei em casa, o controle é meu e ponto final".

Se levássemos ao pé da letra – controle... no dicionário "inspeção, fiscalização" e remoto... "distante no espaço ou no tempo" – (além de ser aquele aparelhinho que controla TV, DVD, home theater entre outros), é também uma forma de *poder que acontece de vez em quan-*

do, como um marido que dá a última palavra a cada tanto tempo para garantir seu lugar de *macho alfa*.

Viagens à parte e voltando ao descontrole masculino que se assemelha à TPM feminina, há um comportamento muito característico que observo nos homens ao meu redor (marido, filhos, pai, irmão, amigos...). É tão frequente e semelhante em todos eles que ouso formular uma teoria.

Os pernilongos são os maiores inimigos e causadores do descontrole masculino. Claro que qualquer pessoa se incomoda com aquele zunido no ouvido. Até porque esse "zzzzzzz" traz junto o risco da picada, que coça, incomoda, para alguns inflama, virando caroços avermelhados.

Acredito que a maioria de nós, mulheres, ao ouvir o zunido, levante e ligue um aparelho de tomada ou acenda uma vela de citronela. Algumas nem isso, apenas cobrem a cabeça e pronto. Outras, acendem a luz e procuram exterminá-lo, ainda mais se tiver filhos por perto. Nesse caso, a mãe-leoa ataca sem piedade.

Natércia Tiba

Mas os homens... os homens não! Eles ficam enfurecidos. Ao ouvir o zunido levantam com raiva, pulam da cama. Não importa se tem mais gente junto, esposa ou irmão dormindo no mesmo quarto, acendem a luz e só voltam a dormir quando esmagam o *desgraçado* que ousa importuná-los.

Não só presenciei vários momentos assim, como já ouvi descrições de amigas sobre maridos e namorados que ficam enlouquecidos ao perceber que há um pernilongo rondando.

Nessa hora, aflora o homem mais primitivo. Usam almofadas, toalhas, toalhas úmidas (para que fiquem mais pesadas), parte de cima do pijama e, para os assumidamente enfurecidos, aquela raquete elétrica que frita os pobrezinhos. Quando usam a raquete, o estalo do pernilongo tostando é música para seus ouvidos. Alguns respiram fundo e comentam orgulhosamente: "Sente o cheiro de queimado!"

Já acordei às 4h30 da manhã com meu marido de pé sobre a cama, com uma enorme almofada nas mãos, luzes todas acesas, balbuciando palavras de raiva, que são, na verdade, um grito de guerra. Guerra ao pernilongo.

Lembro-me de ouvir barulho no quarto dos meus pais e do meu irmão, ir checar preocupada, e me deparar com eles em pé, posicionados, com algum tipo de *arma* (almofada ou toalha) nas mãos, parados atentamente, imóveis para que pudessem atacar o pernilongo de surpresa.

Mulher sem Script

Minha mãe? Sempre continuou dormindo, assim como faço hoje em dia. Quando acordo com todo esse movimento, em vez de ficar brava ou irritada, dou risada. Chego a ter acessos de riso.

O homem, todo poderoso, filósofo e cientista, capaz de pisar na lua, ainda não consegue exterminar os pernilongos de uma forma eficaz. Fisicamente me parece uma luta um tanto injusta, mas a esperteza desse inseto faz com que a luta fique de igual para igual. Assim como nós sofremos de TPM, poderia dizer que eles sofrem de uma espécie de TPMR (Tem Pernilongo Me Rondando).

Pensando como psicóloga, esse comportamento não é de todo mal. Talvez inconveniente para aqueles que dormem junto, mas, naquela postura de guerra e extermínio, parece haver um prazer primitivo, de homem caçador, de homem das cavernas (como o antigo desenho da Hanna-Barbera, o "Capitão Caverna", sempre com o *porrete* nas mãos) ou um prazer mais atual ou até futurista, como um Jedi com um sabre de luz pronto para atacar (essas imagens seriam um prato cheio para Freud).

Há um pequeno detalhe que torna essa história ainda mais divertida. Não sei se é verdade, mas dizem que o pernilongo que zune mais alto é a fêmea. É a *pernilonga* que enfurece os homens.

Um dia essa situação será solucionada: quando inventarem um "controle remoto" capaz de exterminar pernilongos no escuro, guiados pelo zunido. Aí, sim, todos terão paz pra dormir a noite toda, mas tenho certeza que o homem será o dono desse controle remoto também. Enquanto não inventam essa maravilha, melhor rir do que chorar não é mesmo?

"O homem, todo poderoso, filósofo e cientista, capaz de pisar na lua, ainda não consegue exterminar os pernilongos de uma forma eficaz. Fisicamente me parece uma luta um tanto injusta, mas a esperteza desse inseto faz com que a luta fique de igual para igual. Assim como nós sofremos de TPM, poderia dizer que eles sofrem uma espécie de TPMR (Tem Pernilongo Me Rondando)."

Um olhar para apreciar a vida

cho interessante a forma como nos relacionamos com o mundo. Quando estamos felizes, tudo nos encanta, ouvimos os sons ao nosso redor. Os passarinhos não cantam mais ou de forma especial nesses momentos. Entretanto, quando estamos felizes, notamos mais o seu canto.

Da mesma forma, quando estamos tristes, tudo parece sem graça, a realidade perde o brilho, os sons nos incomodam. O mesmo pássaro que nos encanta num momento alegre pode ser irritante quando não estamos bem.

Os sentimentos bons nos levam a uma apreciação das coisas, despertam nossos sentidos. É como se houvesse duas formas básicas de olhar o mundo (incluindo a nós mesmos). Um olhar apreciativo, capaz de admirar o que existe em nós e ao nosso redor. É o olhar que inclui, agrega e, portanto, nos fortalece. Um olhar que nos abre para o mundo e nos coloca disponível para o outro, que vê além da aparência.

Em contrapartida, há o olhar depreciativo, focado na falta, no que ainda não se conquistou e nas dificuldades. Um olhar que entristece, isola e se perde no nada.

O olhar apreciativo não é um passaporte para a felicidade, mas é capaz de tirar as coisas boas mesmo das situações sofridas. O olhar depreciativo cultiva a dor. É difícil ser feliz quando tudo parece conspirar contra si, quando não se sente merecedora de realizações e se carrega a sensação de que tudo dá errado na vida.

O olhar contemplativo carrega em si uma sabedoria. Não é algo que se tem ou não, ele pode ser desenvolvido ao longo da vida. Pode ser exercitado nos relacionamos e nas atitudes. Ele valoriza a beleza das coisas e, ao mesmo tempo, reflete o belo que há dentro de nós.

Certas situações favorecem esse olhar, que também pode ser cultivado a partir do momento em que reconhecemos seus ganhos (não só para a própria pessoa, mas para aqueles que a cercam e a sociedade em si).

Como despertar e cultivar esses momentos? Acredito que o primeiro passo seja a consciência do olhar que temos. Muitas vezes a realidade nos puxa no sentido oposto. Basta ouvirmos ou lermos as notícias e nossos músculos enrijecem, afundamos em desolamento e indignação. Esse é também o universo humano, com o qual devemos aprender a lidar, controlar e canalizar. O lado selvagem e cruel. Não creio que negá-lo seja o caminho, mas sim reconhecê-lo para que fique sob nosso controle.

Infelizmente, o sensacionalismo ganha cada vez mais ibope. Muito mais do que ressaltar os atos bondosos, ressalta-se a mediocridade. Talvez pela vida corrida dos dias de hoje, o tempo que nos sobra raramente é usado para lazer, para nos deleitarmos com um belo livro ou ouvir uma música que nos agrada. Quantos de nós deixamos de estudar um instrumento, abandonamos um esporte, porque ele passou a exigir tempo e dedicação demais?

Cabe aqui uma reflexão: o que torna nossa vida gostosa? O que nos deixa em paz? Para mim, a leitura talvez seja um desses momentos. Ler é mágico. A imaginação vai sendo ativada, vamos mergulhando e nos envolvendo. Alguns livros acrescentam conteúdo, são informativos e interessantes. São livros que se conectam a nós pelo cérebro. Outros tocam o coração, emocionam, parecem um carinho.

Há ainda aqueles que considero viscerais. Esses nos arrebatam pelo estômago e sacodem a alma. Sentimo-nos misturados às palavras, perdidos entre as linhas e não conseguimos largar até a última letra. Mas, para essa imersão, é necessário que haja uma entrega. Sem entrega não há leitura envolvente e proveitosa.

Os livros mantêm o cérebro vivo e a alma desperta. Estimula também a reflexão. Ao refletir, repensamos, podemos mudar de opinião, podemos nos tornar mais flexíveis. Despertamos a propriedade de nós mesmos.

Mesmo quando o conteúdo não é voltado para o autoconhecimento, a forma como imaginamos e interpretamos reflete nosso mundo interno. Cada pessoa se encanta com um trecho diferente, se identifica com um personagem. Gosto muito de pegar livros emprestados e anotados. As anotações são a concretização da relação do livro com o leitor. Um livro grifado e anotado diz muito sobre seu leitor.

Ler passa a ser então um momento de encontro com nosso mundo interno. Um momento de entrega e reflexão. Podemos nos perder de nós mesmos, assim como podemos nos encontrar. Ou ambos, num processo de encontro com nós mesmos. Um encontro que gera uma sensação de paz, de comunhão conosco e com o Universo.

Esses momentos não acontecem necessariamente na leitura; podem acontecer quando ouvimos uma música que nos toca o coração, sentimos um cheiro que nos transporta ou estamos diante de uma paisagem que nos enche os olhos e o coração. Pode acontecer quando estamos com alguém que amamos, dançando ou cantando. São momentos de extrema beleza, não de beleza estética, mas aquela que, quando desperta, reflete o que existe de mais bonito em nós, o que há de mais nobre.

O educador, teólogo e escritor Rubem Alves, um apreciador da vida, fala sobre isso com muita propriedade. Admiro sua capacidade de transformar as coisas simples da vida em sabedoria. Escreve como se tivesse jogando papo fora, deitado numa rede ao nosso lado. Une simplicidade e sabedoria. É envolvente e reflexivo. A leitura vira um momento de oração.

(...) Mas o que é a experiência da beleza?

Sem uma resposta pronta, veio-me algo que aprendi com Platão.

Platão, quando não conseguia dar respostas racionais, inventava mitos. Ele contou que, antes de nascer, a alma contempla todas as coisas belas do universo. Essa experiência é tão forte que todas as infinitas formas de beleza do universo ficam eternamente gravadas em nós. Ao nascer, esquecemo-nos delas. Mas não a perdemos. A beleza fica em nós, adormecidas como um feto.

Assim, todos nós estamos grávidos de beleza, beleza que quer nascer para o mundo qual uma criança.

Quando a beleza nasce, reencontramo-nos com nós mesmos e experimentamos a beleza. (...)

> Ao ouvir uma música que me comove por sua beleza, eu me reencontro com a mesma beleza que estava adormecida dentro de mim.[3]

A beleza de que se fala aqui é legítima, do humano em comunhão com o mundo e consigo mesmo. A verdadeira beleza, que não reside na aparência e que aflora ao longo da vida. Nesse sentido, acredito que nos tornamos mais belos conforme ficamos mais velhos.

Despertar o que há de belo em nós e olhar para o que há de belo no mundo e nas pessoas não significa não ter crítica, ou tornar-se passivo e conformado. Muito pelo contrário. Ao buscar a beleza das coisas, nos tornamos capazes de reconhecer não só sua presença, mas também sua ausência (apesar de acreditar que dificilmente nos depararemos com algo ou alguém que seja desprovido de beleza por inteiro).

Essa percepção nos dá a chance de nos tornarmos agentes da beleza e, portanto, agentes da paz. Não falo em atos heroicos, mas sim no dia a dia, nas relações mais próximas, por exemplo. Nunca sabemos que dimensão podem assumir nossos atos. Alguns se tornam verdadeiras referências, como Gandhi, Mandela, Dr. Patch Adams, por exemplo, mas o fato de cultivarmos o bem e a beleza na nossa própria família é o primeiro passo.

---

[3] Trecho do livro "Ostra Feliz não faz Pérola" no qual Rubem Alves descreve sua vivência ao ouvir uma música.

Não tenho dúvidas de que essa beleza de dentro pra fora é capaz de grandes transformações pessoais e sociais. Ao possuir um olhar que a aprecia, nos tornamos capazes de tirar o melhor das situações e ver o melhor do outro. Favorecemos as relações, incentivamos o bem em nós mesmos e no outro.

Lembra-se daquela canção que fazia com que você fechasse os olhos e se emocionasse? Por que não ouvi-la agora? Lembra-se daquele livro que você comprou porque se apaixonou pela capa? Pegue-o na estante, tire o pó e boa leitura!

"Um olhar apreciativo, capaz de admirar
o que existe em nós e ao nosso redor.
É o olhar que inclui, agrega e, portanto,
nos fortalece. Um olhar que nos abre para
o mundo e nos coloca disponíveis
para o outro, que vê além da aparência."

O que eu sonhava
ser ao crescer

Quando você era criança, o que queria ser ao crescer? Bombeiro, policial, bailarina, artista, médico? Quando somos pequenos sonhamos, temos uma liberdade ímpar de ter sonhos e desejos sem nos censurar, sem receio de parecermos ridículos. Por que um menino sonha ser bombeiro? Pelo heroísmo, pela força? Por que uma menina sonha ser bailarina? Pela leveza, pela feminilidade?

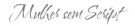

O que acontece com esses sonhos quando crescemos? Para onde vão? Será que são abafados pela realidade ou por pais que censuram com "deixa de bobagem"?

Encanto-me quando escuto meu filho de 10 anos empenhado e envolvido em seu sonho de ser ator, diretor e roteirista de cinema. Observo-o brincando e ensaiando para a realização desse sonho. Faz filmes em casa, vídeos, monta blogs sobre dicas de filmes, músicas e curiosidades.

Sinto que, à medida que cresce, percebe o quanto a vida escapa ao nosso controle. Parece procurar um lugar onde terá o conforto de dirigir e determinar o percurso das coisas, o que virá a seguir. Quais serão as próximas cenas? O que acontecerá com os personagens?

Essa é uma angústia que todos nós vivemos, a imprevisibilidade da vida. Acho lindo que ele tenha achado uma forma de lidar com essa angústia. Por enquanto, lhe serve muito bem. Torço para que se mantenha.

Encanto-me também quando o vejo procurando as possibilidades de realizar seu sonho. Qual foi o percurso dos grandes diretores? O que estudaram e por onde começaram? Qual caminho seguiram? É dessa forma que poderá um dia se realizar. Tenho consciência que não depende 100% dele, vários fatores interferem, mas sei também que sem o empenho dele nada se realizará.

O caçula, com 7 anos, ainda não sabe o que quer ser. Talvez jogador de futebol... Quantos meninos sonham ser jogador de futebol? No Brasil? Muitos. Para alguns, essa parece ser a saída milagrosa de uma dura realidade. O filho que se destaca como um grande jogador "salva" sua família de uma situação de vida muitas vezes desumana.

No caso do meu filho, sinto que ele gosta de ter metas e gosta de ter algo pelo que lutar. Acho sensacional vê-lo correr com a bola, driblar outros "jogadorezinhos" e seguir em direção ao gol com tanto empenho. Nessas horas penso o quanto eu, em meu papel de mãe, desejo que ele mantenha essa postura diante da vida. Determinação e garra, características que não bastam na vida, mas que são de extrema importância.

Convite a uma reflexão.

O que permeava seu sonho de infância? Sem censura ou repreensão, o que o encantava? O que alimentava seu sonho?

Eu queria ser bailarina. Não realizei o sonho, mas até hoje danço o quanto e como posso. Se tem algo de que gosto "é dançar conforme a música". Percebo que carrego esse jeito de ser na minha vida. Como psicóloga, não tenho como programar as sessões, não tenho como saber como o paciente chegará e que assuntos iremos trabalhar. Adoro começar a ouvi-lo, me aquecer... e quando percebo, estamos envolvidos numa coreografia.

Sonhava também ser cantora. Sou daquelas que não consegue cantar sem mover todos os músculos

do rosto, sem balançar o corpo e sem me emocionar. Sinto-me à vontade com essa linguagem. O que está por trás desse meu sonho e o que ficou dele em mim? Poder ouvir a minha voz e com ela criar uma melodia, poder mudar os tons e entonações e, mais do que tudo, chegar ao outro por meio da emoção, de uma linguagem que não é a mais convencional, mas que é universal.

Facilmente encontro essas características no meu dia a dia. Não só na vida pessoal, mas também profissional. Adoro metáforas e criações artísticas conjuntas. Gosto de linguagens que não passam pelo filtro do racional. Gosto do fluir das emoções, como notas e acordes que ecoam de um piano, um sofrimento que parece um canto agudo ou grave demais, mostrando os extremos das emoções que podemos experimentar.

Será que podemos olhar para esse sonho infantil não como uma "bobagem de criança", nem com frustração caso não tenha se realizado? Se, durante tantos anos, esse foi o sonho que permeou nosso universo, que desenhava nosso futuro na ingenuidade e pureza de criança, será que não merece ser lembrado? Não vale uma reflexão? Será que pode ser em parte resgatado?

Quantas emoções alimentavam esse sonho? Quais você ainda carrega? Quantas características cultivou consciente ou inconscientemente? Quantas escaparam de fininho e quantas você simplesmente abandonou?

Devemos ser cuidadosos para não nos amarrarmos aos sonhos, para que eles não nos escravizem ou

nos tornem eternos frustrados. Para que novos sonhos surjam, há sonhos que precisam morrer. Mas deixar um sonho morrer não significa abandoná-lo por completo.

Posso não ser bailarina profissional, mas mantenho a dança como hobby e me beneficio do ritmo e da capacidade de dar passos diferentes, até mesmo inusitados. Não sou cantora, mas mantenho a música, os sons, a melodia e o ritmo na minha vida, como um alimento para a alma. Dessa forma, sinto que meus sonhos de infância me presentearam. Só por tê-los sonhado, me sinto gratificada.

Com o passar dos anos, muitos outros sonhos surgiram. Alguns se realizaram, outros não, há ainda os que estão em via de, mas o mais importante é sentir que são combustíveis para a vida, que dão um colorido aos sentimentos e pensamentos e que me ajudam a me aproximar mais de mim mesma.

"Devemos ser cuidadosos para não nos amarrarmos aos sonhos, para que eles não nos escravizem ou nos tornem eternos frustrados. Para que novos sonhos surjam, há sonhos que precisam morrer. Mas deixar um sonho morrer não significa abandoná-lo por completo."

Uma inspiração de Natal

Dezembro costuma ser um mês tumultuado. Final de ano, correria, trânsito, mas há algo que deixa o nosso andar pela cidade mais agradável: os enfeites e luzes de natal pela cidade. É um bom exercício olhar para a beleza dos enfeites em vez de nos irritarmos com o trânsito. Muitas vezes são as crianças que nos alertam. Estamos tão estressados pelo excesso de veículos e cansaço, que a paisagem passa batida.

Recebi um alerta de um filho. Com os olhos brilhando diante uma árvore gigante, ele comentou: "Adoro ver a cidade toda enfeitada de natal, essas luzinhas" e soltou um delicioso suspiro. Uma respiração funda de admiração que temo irá perder com o passar dos anos.

Esse comentário suscitou em mim uma viagem nostálgica de segundos. Música tocando, luzes piscando, cheiro do pinheiro misturado aos perfumes de todos os convidados distintamente trajados para a ocasião, a véspera do Natal.

Mulher sem Script

Natal é uma data que me fascina. Lembro-me de montar a árvore com os meus pais, ao som de um disco de vinil. O mesmo que depois tocava a noite toda da véspera de Natal. Tudo muito bonito e caprichado, decorado pelas mãos de artista da minha mãe e fotografado pelo olhar nipônico do meu pai. Hoje, as fotos preenchem os detalhes esquecidos com o tempo.

Lembro-me de festas de Natal grandes e animadas, repletas de familiares e amigos. Comida que não acabava mais e pilhas de presentes. Era uma noite aguardada ansiosamente pelas crianças (eu inclusive), que não faziam ideia do empenho dos adultos para que tudo fosse perfeito.

Minha mãe, como boa virginiana, embrulhava os presentes um a um, todos combinando entre si, formando um composê. Era o amontoado de presentes mais elegante e harmonioso possível. Enquanto eu acreditava no Papai Noel, certamente pensava nele como um velhinho bom e detalhista: "Que velhinho caprichoso!".

Não me lembro como descobri que não era ele o responsável pelos presentes. Mas não tenho trauma nenhum em relação a isso. Talvez porque presenciar minha mãe nos preparativos fosse tão fascinante quanto entrar na fábrica do Papai Noel.

A fábrica era o quarto dela na chácara em que passávamos os finais de semana e férias. Um quarto que na época me parecia tão grande, mas que, com tantas caixas e embrulhos, sobravam apenas estreitos corredores para passarmos. Lembro-me bem do dia em que ela autorizou que eu entrasse e a ajudasse. Eram pilhas de brinquedos e de caixas, rolos de papel de presente e de lindas fitas natalinas, selinhos de sinos e estrelinhas. Não havia aquele monte de duendes trabalhando. Era apenas a minha mãe, sozinha e enlouquecida: separa, corta, embrulha, acha a ponta do durex, enrola, "Ih qual é esse mesmo que acabei de embrulhar?", "Esse é de adulto, vai pra árvore, esse é de criança, vai para o saco do Papai Noel."

Tudo aquilo era tão fascinante e empolgante que passei a ser sua ajudante número um (até minha irmã ter idade para ocupar esse cargo. Confesso que é mais habilidosa para laços do que eu e como todos em casa, adora ajudar e participar).

O final do ano era sempre muito esperado, planejado e caprichado, apesar de nunca termos sido

católicos fervorosos. O Natal sempre fora um momento de amor, união, doações, cartas emocionadas e muita alegria. Tudo isso era vivido intensamente.

Quando me casei, em 1998, a família que ganhei através do meu marido me apresentou um Natal diferente. Por serem bastante católicos, sempre que possível, vão a uma missa de Natal.

Surpreendi-me com o meu desconhecimento em relação à origem do Natal, seu significado e simbolismo e ao mesmo tempo me admirei ao ver que todos aqueles valores pregados naquela data estavam presentes não só nos Natais que passei em família desde que nasci, mas também no meu dia a dia. Essas diferenças familiares enriqueceram ainda mais minha visão e vivência do Natal.

Na contramão da sociedade capitalista, fui cada vez mais me deparando com o significa religioso e valioso do Natal. Independente da religião, são valores que visam a um bem maior, que traz benefícios à sociedade e ao ser humano.

Hoje em dia, Natal e consumismo acabaram se unindo. Quanto mais o bem material, mesmo que supérfluo, se torna uma *necessidade* para o ser humano, mais corrompido fica seu significado. Foi criada uma dupla um tanto indesejável e incoerente se pensarmos no significado do Natal. Cabe a nós, adultos, resgatarmos o significado de uma data que poderia ser um momento especial para as relações e para a sociedade.

Mas como mostrar às crianças o verdadeiro significado do Natal, sem cair nas armadilhas do consumismo?

O primeiro passo é compreender os símbolos e o significado dessa data. Pode parecer óbvio e que já estamos cansados de saber, mas há detalhes bonitos e interessantes, cuja compreensão faz muita diferença para podermos conversar e ensinar nossos filhos e as crianças com as quais convivemos.

Meu lado *criança curiosa* tinha muitas perguntas. Qual o significado do Natal? Por que usamos um pinheiro? Por que damos presentes? Por que nos reunimos em família? Logo percebi que essas compreensões não são puramente racionais, são apreensões do coração. Um interesse de adulto (como educadores preocupados em passar e cultivar valores), mas ao mesmo tempo com uma admiração de criança. Criança que acredita fica fascinada e se alimenta de encantamento, sem duvidar ou contrapor fantasia e realidade (como se fossem excludentes, quando na verdade acho que são complementares).

Deparamo-nos aqui com o primeiro ponto importante: o resgate da nossa criança interna. Esse não é um resgate que dispensa a maturidade obtida com o passar dos anos, mas um resgate que nos permite voltar a ver as coisas de forma mais colorida e mais mágica. Resgatar essa criança dentro de nós pode não ser muito fácil no começo. Quando somos expostos a situações assim, não raro nos sentimos ridículos, como que desprovidos de crítica.

Verdade. Depois que aprendemos a andar, fica complicado engatinhar. Pare um pouco e faça um teste. Quantas engatinhadas você consegue dar até que seus joelhos comecem a doer? Vamos a uma prova de fogo. Procure um lugar macio e dê uma cambalhota. Sim, uma cambalhota, uma apenas. Algo tão simples para as crianças. Pode ir, eu espero.

Como se sentiu? Para a maioria, dá certo receio jogar o corpo todo para a frente. Por um instante achamos que poderemos dar um mal-jeito nas costas ou uma torção no pescoço, certo? Aposto que pensou: "Não acredito que a Natércia deu essa ideia e eu estou aqui tentando dar uma cambalhota! Vou mandar a conta da fisioterapeuta pra ela depois!".

Depois de dar a cambalhota (se é que conseguiu, e se não conseguiu volte e não continue a leitura até conseguir, a não ser que tenha contraindicações médicas, claro), não esboçou um sorriso ou deu uma risada? Duvido! Imagine uma criança (filho, sobrinho...)

presenciando a cena? Você, desse tamanhão, dando uma cambalhota! Certamente pensaria: "Tsk tsk! E esses adultos acham que sabem alguma coisa! Tsk tsk!".

Para ter de volta essa criança, a primeira conquista é se permitir ser lúdico. A brincadeira nos aproxima do mundo infantil e certamente das crianças ao nosso redor.

Quando nossa criança interna aflora, surge um novo canal de comunicação entre nós e nossos filhos, entre nós e as crianças ao nosso redor.

O Natal é um dos momentos que nos convida a sermos criança novamente. Ele resgata o olhar cheio de emoção, a importância de um desejo realizado (que não precisa ser um objeto, muito menos algo caro, mas algo significativo) e o prazer de estar perto de quem amamos.

Nos dias de hoje, esse momento não costuma acontecer naturalmente. Poucos têm uma rotina que permite. A consciência da importância de cultivar esse momento e esses valores é o que nos mobiliza a parar e achar um tempo para esse resgate.

Resgatar a criança é poder maravilhar-se com as luzes que piscam, encantar-se diante dos lugares enfeitados por bolas, guirlandas, festões e se entregar à fantasia e à doçura do bom velhinho, o Papai Noel. O Natal é uma oportunidade para vibrar COMO e COM as crianças.

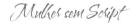

Acreditar na imagem do Papai Noel é mais do que viver uma fantasia, é uma forma de ver o mundo, de encarar a realidade. Será que somos bons com nós mesmos a ponto de nos permitir fantasiar e acreditar em sonhos, em realizações de desejos e, acima de tudo, no próprio ser humano?

Talvez não haja mesmo o velhinho de vermelho no Polo Norte, rodeado de duendes, com lindas renas que puxam seu trenó, mas essa crença (ou fantasia) surgiu de uma história e vale a pena conhecê-la. Acredito que existam pessoas tão maravilhosas e solidárias que se tornam protagonistas de histórias fascinantes, lindas como o Papai Noel.

A figura do Papai Noel foi inspirada em um bispo chamado Nicolau, que nasceu na Turquia (280 d.C.). Era um homem de coração muito bom e, para ajudar os mais necessitados, deixava saquinhos com moedas próximo às chaminés ou janelas das casas. Muitos milagres foram atribuídos a ele, o que fez com que fosse beatificado – SÃO NICOLAU.

Até o final do século XIX, o Papai Noel (*Santa Claus* nos Estados Unidos e Papai Natal em Portugal) usava roupas de inverno marrom ou verde-escura. As roupas vermelhas que o Papai Noel usa até hoje, segundo o que dizem, surgiu em 1886, quando o cartunista alemão Thomas Nast criou essa nova imagem do bom velhinho na revista *Harper's Weeklys*. Outra versão diz que, ao se tornar bispo, São Nicolau passou a usar roupas vermelhas, que inspiraram a roupa do Papai Noel que conhecemos hoje (não muito adaptada ao nosso país tropical).

Toda criança tem o direito de acreditar na magia do Natal e do bom velhinho. A fantasia faz parte do desenvolvimento infantil, seja em que religião ou sociedade for.

As fantasias ajudam os pequenos na elaboração das ansiedades e angústias que vão surgindo conforme se deparam com a realidade.

As fantasias são vividas intensamente pelas crianças que, aos poucos, diferenciam-na da realidade. As histórias, os personagens, os contos traduzem a realidade para a linguagem delas, para que possam compreender sem que tenham uma *indigestão emocional*.

No caso do Papai Noel, a bondade e a fraternidade são muito evidentes. Portanto, essa fantasia mantém acesa uma fé muito importante: a fé em ter nossos desejos atendidos, de ter alguém que nos olha com o coração (tão diferente da realidade com que nos deparamos ao crescer, não é mesmo?!) e de que há pessoas boas, nas quais podemos acreditar e confiar.

O fato de ser um *velhinho* enriquece ainda mais a fantasia e a diferencia da maioria das histórias infantis, nas quais os protagonistas são heróis jovens, valorizados pela força física. Outro lindo ensinamento é a simbologia do pinheiro de Natal. O *pinheiro*, com seu formato triangular simboliza a *Santíssima Trindade*.

A árvore é também um símbolo da vida e, como tal, sua tradição é mais antiga do que o Cristianismo.

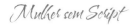

Antes mesmo de se comemorar o Natal, os egípcios levavam galhos de palmeiras para dentro de suas casas no dia mais curto do ano, em dezembro, simbolizando o triunfo da vida sobre a morte. Assim como, mais tarde, dentro da Igreja Católica, o Natal surgiu como representação do nascimento de Jesus, uma data de renovação e transformação.

Não é à toa que o final de ano é inspirador para uns e angustiante para outros. Momento de amor e estar junto, refletir sobre quem somos e aquilo que conquistamos e que ainda queremos. Valorizar o que realmente importa e quem importa. Pode ser também momento de saudade e nostalgia, mas se há saudade é porque houve bons momentos e esses precisam ter um cantinho especial no coração sempre. É um momento de doação de amor, carinho e atenção a quem amamos e a quem precisa.

A ideia da doação pode nos ajudar a entender a tradição dos presentes. Presentear é uma tradição proveniente das ofertas que os Reis Magos fizeram ao Menino Jesus em seu nascimento. Deram a ele: ouro (símbolo da fé), incenso (símbolo da adoração a Deus) e mirra (símbolo da transitoriedade e da eternidade).

Na Idade Média, na época do Natal, os patrões ofereciam presentes extras aos seus criados, recordando assim o começo simples de Jesus e ao mesmo tempo fortalecendo o laço entre servidores e servidos. Os presentes eram dados também às crianças. Nessa mesma direção, no século XIX, surgiu o ordenado extra no mês do Natal (décimo terceiro salário).

Natércia Tiba

Foi apenas no século XX que surgiu a tradição de os adultos presentearem uns aos outros, o que foi aproveitado pelo comércio, envolvendo dinheiro e poder, distanciando-se da ideia da doação e aproximando-se do consumismo.

O presente é uma oferenda ao outro, um símbolo de amizade, amor e proximidade. Hoje, ao ganhar um presente, é comum que a criança se preocupe se ganhou exatamente o que esperava (ou pediu). Olha-se o presente em si, o bem material e não o gesto. Há muito que o simbolismo se foi.

Mas podemos culpar as crianças? Não, de forma alguma. As campanhas publicitárias, os brinquedos interessantes e chamativos e até mesmo nós pais, correndo de loja em loja com a lista de presentes, evidenciamos esse lado capitalista.

Cabe a nós, pais, professores e educadores agirmos de forma diferente para mudar esse rumo. Poderíamos dedicar um pouco do nosso tempo para fazer, junto com os nossos filhos, um presente artesanal que representasse para quem vai recebê-lo o que sentimos e desejamos para ele. Mostraríamos assim que o valor não está no preço, mas sim no gesto, na atitude e na doação do nosso tempo ao outro. O tempo que dedicamos para fazer algo para outra pessoa é uma forma de cultivo da relação, pois nesse momento pensamos no que o outro significa para nós, o que ele desejaria receber, o que o agrada e o que podemos fazer para ele.

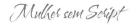

Infelizmente nós adultos estamos destreinados a ter esse olhar aguçado e atento aos outros e nem sabemos mais o que podemos oferecer vindo de nós, sem ser algo adquirido. Será que conseguiríamos resgatar esse olhar e cuidado do outro em nós mesmos para podermos passar aos filhos?

Não vivemos num mundo perfeito (longe disso) e também a maioria de nós tem uma vida muito corrida, mas se investíssemos um pouco mais de tempo apreciando e cultivando simbologias lindas como essa, quanto todos nós sairíamos ganhando? A humanidade não ganharia também?! A sociedade como um todo ganharia muito, tenho certeza. Podemos então começar?

As heranças
que trago comigo

Este é um texto diferente dos demais. Como falo ao longo das crônicas, a forma como enxergamos o mundo, o recorte que fazemos e as interpretações que damos passam por toda nossa história e pela bagagem que trazemos ao longo de várias gerações. Eu não poderia terminar o livro sem contar um pouco da minha bagagem, das heranças que carrego e que permeiam todas as linhas deste livro. Conto aqui um pouco dessa história e aproveito para homenagear meus pais e agradecer-lhes por tudo que são, não só para mim, mas para todos que os cercam. Içami Tiba e M. Natércia são pessoas que fazem diferença, exemplos a serem seguidos e pessoas a serem admiradas.

Desde pequena minha mãe diz que tenho mania de amar demais as coisas. Amo cachorro, amo chocolate, amo viajar... Minha mãe ria e tantas vezes me dizia: "Filha, a gente não ama tudo assim na vida. Amamos nossa família, nossos pais, o marido, os filhos, mas não amamos objetos ou comidas".

Mulher sem Script

Durante muitos anos ela tentou me convencer. Temo que tenha sido em vão. Amo muitas coisas e vivo esse amor de uma forma natural. Valorizo e cultivo o amor. Quando olho para trás, para a história da minha família, dos meus pais, vejo que não poderia ser diferente, afinal sou fruto de uma linda relação de amor, que precisou enfrentar grandes desafios e foi vencedora.

Meus pais se encontraram, casaram-se e constituíram uma família. Assim como são todas famílias, a minha sempre foi um microcosmos de tudo que existe, um mundo nosso onde existem todos os sentimentos, questionamentos, diferenças, mas respeito, amor e apoio sempre.

Meu pai é filho de imigrantes japoneses que, ao chegarem ao Brasil, foram levados a fazendas de café no interior de São Paulo e forçados a trabalhar como escravos amarelos (mesmo que tivessem estudo e conhecimento, estavam num país estranho e não falavam a língua local).

Não suportando o nível de sofrimento imposto e injustificado, numa madrugada conseguiram fugir e chegar aonde não pudessem ser localizados, num vilarejo no Vale do Ribeira, Tapiraí. Foi nesta cidade

Natércia Tiba

que meus avós tiveram sete filhos, dos quais meu pai foi o terceiro. Quando meu pai nasceu, a cidade não tinha mais que duzentos habitantes.

Foi lá que meu avô e minha avó recomeçaram a vida fazendo carvão. Logo meu avô teve a possibilidade de comprar um caminhão, no qual carregava o carvão produzido por eles e por vizinhos para vender em São Paulo. Para não voltar de caminhão vazio, começou a comprar mantimentos na capital para que minha avó vendesse na casa onde moravam. Como ela não falava português, quando aparecia um comprador brasileiro ela hasteava um pano (como uma bandeira), sinalizando para que o meu avô retornasse para finalizar a venda.

Meu avô Yuki era monge budista, entrou na faculdade de direito (Mackenzie/SP) com 65 anos, e formou-se com 70 anos, falando bem o português, mesmo com sotaque (aprendido de tanto consultar um dicionário que carregava consigo).

Realizava assim seu sonho de chegar ao nível máximo do budismo, para o qual é necessário ensino superior, algo que não pôde fazer quando jovem, em virtude da imigração para o Brasil, em 1936. Após o término da faculdade, estava pronto para retornar ao Japão, mas um infarto fulminante deu fim a seus planos.

Minha avó Kikue, uma artista, recebeu uma homenagem do imperador do Japão por ser a melhor calígrafa fora do Japão. Tinha um olhar dócil, mas a postura que se espera de uma esposa japonesa.

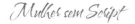

Para que pudesse vir ao Brasil, meu avô deveria estar casado. Minha avó foi a escolhida. Um casamento arranjado, tradicional na cultura oriental. Ela emigrou então para o Brasil com outros da família Tiba, com a promessa de voltar ao Japão em poucos anos. O Brasil parecia ser um país de oportunidades, que em poucos anos os tornaria ricos para que pudessem retornar. Minha avó veio para o Brasil não por desejo próprio, mas por lealdade à cultura japonesa.

Eles permaneceram no Brasil e ficaram juntos por toda a vida. Meu avô precisava de uma esposa dedicada como ela. Minha avó precisava de um homem inteligente e empreendedor como ele.

Meu pai nasceu em 1941, e pelas histórias que me conta acredito que tenha sido um menino diferenciado. Gostava de acompanhar o meu bisavô, Rinnosuke Chiba, um senhor magro, 1,60 m de altura e bravo. Bravo com todos os netos e bisnetos, com os filhos e as noras, mas sempre satisfeito pela companhia do seu neto Içami.

Por influência dele, meu pai desenvolveu o gosto por carpas e, depois de muitos anos de estudo e trabalho, pôde resgatar esse prazer e hoje mantém seu próprio jardim japonês. Mantém suas carpas no seu pedacinho de paraíso, que é ao mesmo tempo um elo muito forte com seu passado.

Içami Tiba era uma criança atenta a tudo e a todos, com uma insaciável sede de aprender e muita vontade de viver. Transformava sofrimento em crescimento, como se esse dom fizesse parte de seus cromossomos.

Conta emocionado das tardes nas quais bombeava água de um poço artesanal para encher os tonéis a serem usados no dia seguinte. Em vez de as bombeadas se tornarem registros dolorosos, usava a batida da bomba para marcar o ritmo das músicas japonesas que cantava e para tocar sua gaita (único presente de que se lembra em sua infância), enquanto admirava ainda o pôr do sol. Meu pai tinha um sonho de criança: ser caminhoneiro. O caminhão era um importante instrumento de trabalho do meu avô.

Quando tinha 5 anos, um episódio triste mudou a sua vida. Sua irmã de apenas 2 anos estava com pneumonia. Um homem de maleta na mão, um ar distinto que se diferenciava das pessoas da vila, foi buscado em Piedade pelo meu avô em seu caminhão.

Esse homem distinto examinou a irmã do meu pai cuidadosamente. Enquanto isso, meu pai também o examinava atentamente. Aquele médico era a esperança de vida que entrava em casa para salvar sua irmã.

Admirou-se com o homem que era capaz de ouvir o corpo da sua irmã e disse então à sua mãe: *"Quero ser médico!"*. Minha avó sabiamente lhe respondeu: *"Então você vai ter que estudar muito!"*

Ainda pequeno, queria ler e escrever, mas não tinha ainda idade para estudar na única escola da cidade. Sentava-se então no barranco ao lado da escola e assistia a aula de fora. Foi autodidata na alfabetização.

De Tapiraí meu pai foi para São Paulo, onde estudou no Colégio Estadual Fernão Dias Pais. Com o passar dos anos, seu sonho foi crescendo. Queria ser *médico de Kombi*, assim poderia atender as pessoas que viviam em cidades desprovidas de atendimento médico. Quem sabe poderia poupar mortes como a de sua irmã ainda tão pequenina.

Empenhado em seu sonho, fez medicina na Faculdade de Medicina de São Paulo (FMUSP). Ao longo do curso, várias especialidades foram despertando seu interesse. Surgiram novas possibilidades de escolha, um universo muito mais amplo do que podia imaginar a partir de sua fantasia de criança. Logo se interessou em atender adolescentes, o que era, na época, um grande desafio, já que se dizia que adolescentes não eram tratáveis (falava-se na "Síndrome da Adolescência Normal"). Por cerca de 20 anos, meu pai foi professor universitário e percebeu então que poderia levar conhecimento às pessoas, os quais poderiam ser um diferencial para suas vidas. Sua ideia de ajudar àqueles que não tinham acesso permanecera forte dentro de si. Dizia:

> **"Em vez de ser mais uma lâmpada em uma biblioteca de doutores, prefiro levar a luz de uma vela na escuridão educacional das famílias."**

O sonho juvenil do *médico de Kombi* foi se transformando, se adaptando aos novos tempos e às escolhas de vida feitas por ele (como constituir uma família). Tornou-se então um *educador de avião* para todos os cantos deste imenso Brasil.

Em 1988 meu avô Yuki faleceu e em 1994, minha avó Kikue. Meu pai já era um psiquiatra respeitado e reconhecido, com muitos livros escritos, uma presença constante na mídia. Hoje que sou mãe, me emociono ao imaginar como minha avó se sentiria ao ver tudo que meu pai fez e a pessoa que se tornou.

A imagem do menino olhando atento o médico no breu de um quarto, amedrontado ao ver sua irmã doente (que veio a falecer logo depois) e ao mesmo tempo admirado, é muito forte dentro de mim, como

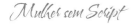

se eu tivesse presenciado a cena. Talvez uma vivência tão forte, que tenha um registro genético. Sinto como se essa cena fosse parte da minha história, mesmo que eu ainda não existisse.

Acredito que, profissionalmente, meu pai tenha chegado mais longe do que podia imaginar. Completou assim o sonho que meu avô não conseguiu. Meu avô Yuki, infelizmente, teve seus planos e sonhos tolhidos por um golpe fulminante em seu coração. Mesmo assim, ele deixou um lindo exemplo. Encanto-me ao pensar que aos 70 anos de idade, recém-formado em Direito, meu avô ainda sonhava e fazia planos, preparando-se para ir ao Japão.

Para que pudesse entrar na faculdade e completar o curso de medicina, meu pai fez de tudo um pouco. Continuou tendo como grande aliada a habilidade de transformar as necessidades ou dificuldades em ganhos. Tinha o judô como *hobby*. Ainda no colegial, começou a dar aulas de judô em duas academias. Seus alunos eram crianças e adolescentes. Para fazer o cursinho, dava aulas de judô para o filho do dono.

Acredito que ele tenha sido pioneiro em aulas particulares de judô na casa dos alunos. Bom judoca, bom professor, cativante e carismático, não demorou para que fosse indicado para outros garotos. Meu pai foi descobrindo no judô uma forma para *acalmar* crianças e adolescentes rebeldes. Essa foi sua primeira experiência como *mestre* (*sensei*, sendo mais precisa).

No judô, os valores são claros: disciplina, respeito, aprender a cair para então poder derrubar,

estratégia, consistência, esforço... Não tenho dúvidas que essa vivência tenha sido marcante e que tenha começado ali um esboço da teoria que veio desenvolver muitos anos depois sobre os adolescentes.

Foi durante a faculdade de medicina que conheceu minha mãe. Numa festa, rodeado de garotas encantadas com seu carisma (e por ser estudante de medicina, claro!), a única que o encantou era também a única que nem sequer olhava para ele. Dançava pelo salão em companhia de outro rapaz, um conhecido apenas.

Meu pai olhava encantado para aquela linda portuguesa de cabelos longos castanhos, olhos esverdeados, rosto comprido, nariz afilado e pose de matar de inveja qualquer fadista.

O brilho no olhar dele era certamente o mesmo que vejo ainda hoje, quando admira minha mãe, depois de 42 anos de casados.

Inconformado por não conseguir se aproximar dela, começou a simular a "leitura das mãos" das mulheres na festa, planejando assim chegar a ela. Passado um tempo, ele havia lido as mãos de todas as garotas, mas aquela que o encantou continuava dançando. Determinado, interrompeu a dança com o pretexto de que era a única cuja mão ainda não havia lido.

Ao ler sua mão, disse estrategicamente que via um japonês em sua vida, alguém com quem ela se casaria e teria filhos. Seu desejo estava claro e, segundo ele, estampado na palma da mão da minha mãe. Ele sabia que não seria fácil. Escolher uma "gaijin" (não japonesa) feria a cultura oriental.

Minha mãe nasceu numa aldeia ao norte de Portugal, região de Trás-os-Montes. Foi fruto de um casamento entre a mulher mais bonita da Aldeia, minha avó Arminda, e o homem de melhor coração da região, meu amado vô Chico. Um casamento supostamente feliz em teoria, mas que não foi bem-sucedido na prática.

Maria Natércia, vinda de Portugal com 3,5 anos de idade, muito apegada aos avós, foi morar com eles na casa de uma tia. Após o falecimento de seus avós, ela lá permaneceu, sendo criada pela tia (que não tinha filhos).

Natércia Tiba

Estudou em boas escolas, estudou piano (formou-se no Conservatório Dramático Musical de São Paulo), aprendeu línguas (algo diferenciado na época), formou-se em design de interiores, estudou história da arte, frequentou cursos de banquete, e formou-se em Direito pelo Mackenzie/SP. Recebeu a educação de uma mulher fina e bem criada. Uma mulher preparada para casar com um "português bom partido" (e com toda beleza que até hoje tem, não lhe faltaram pretendentes).

Meu pai se apaixonou por essa linda portuguesa. Meus avós não compreendiam que ele pudesse se casar por amor (e não por "miai" – casamento arranjado) e ainda com uma "gaijin", filha de pais separados (algo bastante polêmico naquele tempo). Para minha avó Kikue, o peso da cultura a manteve na postura de esposa. Não se opôs e não apoiou. Não se envolveu muito na situação, mas demonstrava certa aceitação e receptividade mediante alguns comentários e olhares.

Em oposição à cultura japonesa e travando uma batalha com meu avô e outros Tibas, meu pai lutou para ficar ao lado de quem havia escolhido para ser sua esposa. Após o falecimento do meu avô, pudemos conviver mais com a minha avó e só então ela pôde falar e demonstrar seu encanto e admiração pela minha mãe.

Há uma passagem em toda essa história que acho muito bonita. Minha mãe conta que, em uma das visitas que fizeram aos meus avós, enquanto ainda

Mulher sem Script

eram noivos, minha avó pegou um recorte antigo de revista de uma lindíssima artista japonesa de cinema. Ela disse que achava aquela bela mulher muito parecida com a minha mãe. Meus pais se entreolharam sem entender muito bem, sem achar a semelhança que a minha avó dizia. Até que minha mãe compreendeu que ela estava fazendo um grande elogio, mas por não poder fazê-lo diretamente, achou uma forma aceitável de dizer o quanto achava minha mãe encantadora. Dentro da cultura em que estava inserida minha avó e das possibilidades de expressar sentimentos por tantos anos calados, esse gesto foi uma grande expressão de carinho pela minha mãe, bem como uma demonstração de que autorizava aquele amor entre eles.

Mesmo com a família em oposição, meu pai estava decidido a ficar com minha mãe. Confirmou assim uma decisão que havia tomado quando mais novo, de que casaria com uma pessoa por amor, razão pela qual saiu da casa de seus pais ainda tão jovem. Ele não queria que sua esposa viesse de uma combinação entre seus pais, intermediado por um "miaiseiro" profissional. Havia visto dois de seus irmãos maiores casando pelo "miai". Ao sair de casa, era como se autorizasse a si mesmo a casar por amor.

Quando estava no segundo ano, saiu da casa dos pais e mudou-se para a Casa do Estudante de Medicina. Estava no terceiro ano quando começou a namorar minha mãe.

Quando conversamos sobre isso em família, acho uma grande exemplo a postura adotada pela minha mãe em relação à oposição dos Tibas. Ela sabia que não era pessoal. Eles se opunham ao que ela representava. Havia uma tradição sendo quebrada e isso soava um tanto ameaçador numa família ainda tão ligada aos costumes orientais, os quais, com a vinda repentina ao Brasil, havia sido das poucas coisas que lhes restavam.

Na família portuguesa, a tia da minha mãe observava atentamente o japonês que se aproximava. Ele estava longe do "genro-sonhado". Era um "japonês durango" (como dizia ela), que, por mais que cursasse medicina, teria muito ainda a caminhar. Tão mais seguro seria escolher um belo português, de preferência loiro de olhos azuis, que já viesse com parte do caminho feito.

Mesmo não preenchendo todos os requisitos, a família da minha mãe foi se rendendo aos seus encantos e carisma. Naturalmente, a opinião da família pesava para minha mãe, que não tinha dúvidas de que sua tia queria o melhor para ela. Num determinado momento se viu diante da escolha entre "um bom partido português" ou o "durango japonês".

Além do amor que meu pai foi despertando com sua alegria, suas cartas apaixonadas, serenatas de gaita ao telefone, ela via nele, com os olhos de águia que até hoje tem, uma força de vida, uma garra, um coração muito bom, um homem que a amava e que estava disposto a lutar pelos seus sonhos e pelo amor dela. Sorte minha ela ter escolhido o japonês... ou eu não estaria aqui contando toda essa história.

Lembro-me de uma conversa que tive com o meu pai, na qual perguntei a ele se não estranhava o ambiente familiar da minha mãe, tão diferente do dele, com todos os parentes sentados à mesa, naquela fartura típica do português. Ele respondeu apenas: *"Sempre fui uma pessoa muito alegre. Acho que nasci geneticamente predisposto a ser feliz, então aquela felicidade que eu via na casa da Benzoan (como a chama) batia com o modo como eu me sentia por dentro mas não via na minha família".*

E foi assim que meus pais começaram uma vida juntos. Uma vida de muita luta, trabalho, estudo, empenho para constituir uma família e educar os três filhos que vieram a seguir.

Toda essa história me encanta e me emociona sempre. Admiro todo esse percurso, que me parece grande demais para uma geração apenas. O quanto puderam proporcionar a nós, filhos. Certamente muito mais do que eles tiveram.

Muita luta e tanto crescimento... Muito suor, lágrimas, sorrisos, sukiakis e fados.

Eu, meu irmão André Luiz e minha irmã Luciana somos fruto dessa história. Que herança privilegiada carregamos! Poderíamos não ter amor pela vida? Nossos pais foram mestres nas matérias mais complexas de todas: a vida e o amor.

Temos em cada gene nosso as mangas arregaçadas para lutar e enfrentar as adversidades. Temos a sabedoria típica do oriental em que impera o respeito ao outro. Temos as emoções intensas do bater dos tamancos portugueses.

Temos exemplo do quanto podemos e devemos lutar pelos nossos sentimentos, crenças, valores e pessoas que amamos. Exemplos de amor e cumplicidade de duas pessoas que se escolheram e nunca abandonaram o navio, remando juntos em alguns momentos e alternando quando necessário.

Ao mesmo tempo em que me orgulho de tudo isso, vejo-me diante de um desafio. O desafio de honrar toda essa luta. Acredito que eu esteja no caminho certo, afinal carrego os genes do Içami e da Maria Natércia. Pergunto-me diariamente se tenho feito da minha vida o melhor que posso, assim como eles fizeram.

Essa herança é um desafio, mas também uma dádiva, porque me impulsiona a ser o melhor que eu posso ser, seja como filha, esposa, mãe, profissional... como ser humano, valorizando cada conquista e cada pessoa que ocupa espaço dentro do meu coração.

Reflexões, Lembranças e Anotações

Contatos da autora
NATÉRCIA TIBA
TEL/FAX (11) 3815-3059 e 3815-4460
SITE www.natérciatiba.com.br
www.facebook.com/tiba.natercia
vww.twitter.com/natercia_tiba
E-MAIL natercia@natérciatiba.com.br

CONHEÇA AS NOSSAS MÍDIAS

www.twitter.com/integrare_edit
www.integrareeditora.com.br/blog
www.facebook.com/integrare

www.integrareeditora.com.br